Manual Pediátrico Para losDueños Del Nuevo Bebé DISCARD

Su Guía Para el Cuidado y Mantenimiento de su Nuevo Bebé

por

Horst D. Weinberg, M.D.

Graciela Esquivel-Aguilar, M.D.
Editor

Quill
Driver
Books

Clovis, California USA

Advertencia:

Este libro no está escrito con el fin de reemplazar el consejo médico y sólo debe utilizarse para suplementar el cuidado regular del médico del niño. Antes de comenzar cualquier tratamiento o programa médico, debe consultarlo primero con el médico. Cada niño es diferente, siempre busque consejo profesional cuando tenga alguna preocupación o duda.

Muchos de los productos mencionados en éste libro son de marca registrada. Sírvase observar la información sobre marcas registradas en la página 195.

Los libros bajo impresión de Quill Driver Books, pueden comprarse a precio especial cuando sea con fin educacional, recoger fondos, para negocio o promociones. Favor contactar:
Special Markets
Quill Driver Books/Word Dancer Press, Inc.
8386 North Madsen Ave., Clovis, CA 93611 USA · (800) 497-4909

Si desea ordenar otra copia de éste libro,
favor llamar al 1-800-497-4909

Publicado por
Quill Driver Books/Word Dancer Press, Inc.
8386 North Madsen Avenue
Clovis, CA 93611
(559) 322-5917

Impreso en Los Estados Unidos de América
ISBN 1-884956-06-8

Library of Congress Cataloging-in-Publication Data

Weinberg, Horst D., 1928-
    [Pediatrician's new baby owner's manual. Spanish]
    Manual pediátrico para los dueños del nuevo bebé : su guia para el cuidado y mantenimento de su neuvo bebé / por Horst D. Weinberg.
        p. cm.
    ISBN 1-884956-06-8 (trade paper)
    1. Pediatrics Handbooks, manuals, etc. 2. Children--Care and hygiene Handbooks, manuals, etc. 3. Children--Medical care Handbooks, manuals, etc. I. Title.
RJ48.W45 1999
618.92--dc21   99-35671
                                                    CIP

Tabla de Contenido

Agradecimiento

Este libro no existiría si no fuera por la ayuda y el apoyo de mi "editora" y mejor amiga, mi esposa Carol. Sus sabios consejos, su apoyo constante y su estímulo para que continuara, me ayudaron a terminar este libro contra viento y marea. Ella me enseño el lado práctico de la pediatría.

Estoy en deuda con muchos pacientes que estuvieron conmigo durante muchos años, de quienes aprendí lo que era verdaderamente importante en la crianza de sus hijos.

Y especialmente "gracias" a mis propios hijos, David, Susan y Carla, quienes me permitieron practicar en ellos durante sus años de crecimiento. Ellos me enseñaron que aún en estos tiempos tan difíciles, es posible criar muchachos buenos que luego se convierten en adultos de los cuales nos podemos sentir orgullosos.

Introducción

Después de muchos años de practicar la pediatría y otros tantos de contestar preguntas de padres de familia en un programa semanal de Televisión, me he dado cuenta que los padres de familia tienen muchas preguntas que no les son contestadas satisfactoriamente por su médico.

No se propone en este libro reemplazar a su médico. Simplemente se ha escrito para prestarle una ayuda a usted, padre o madre, cuando el médico no esté disponible inmediatamente y para enseñarles también a hacer las "debidas" preguntas.

A diferencia de los objetos o cosas en su casa, su hijo(a) no vino con un "manual de instrucciones" que le indique cómo y cuándo hacer las cosas.

Anteriormente habían más familiares a su alrededor: abuelos, tías, tíos o vecinos, todos disponibles y dispuestos a ayudar y a ofrecer oportunos consejos. Pero en nuestra sociedad de ahora, ya las familias no viven cerca de sus familiares ni conocen sus vecinos, perdiendo así estos recursos tan valiosos. Esta falta de ayuda se complica aún más con el hecho de que frecuentemente ambos padres trabajan.

Sinembargo, cuídese de creer todo lo que lea acerca de cómo criar a su hijo. Hoy en día los libros sobre crianza de los hijos basados en lo que está de última moda, se convierten en la única fuente de información para muchos padres; los puede encontrar sobre muchas temas, tales como: Cómo cargar a su bebé, Cómo jugar con su bebé, hasta Cómo hablarle a su bebé. También existen calendarios con actividades diarias y grupos de juego para el desarollo normal del bebé.

Cuando los padres empiezan a dudar de su propia intuición, se vuelven dependientes de los libros y de los jugetes diseñados específicamente para su desarollo. Todo se convierte en una "lección," y lo que sería un juego de niños se convierte en una ardua labor.

Este libro está diseñado para llenar parte de los "vacios," dándole consejos prácticos para navegar en las aguas turbulentas en que se convierte a veces el arte de ser padre/madre, sin querer reemplazar su intuición y sentido común como persona protectora.

El Mejor Consejo:

Existen muchas maneras de cuidar a su bebé. Incúlquele sus valores y sus ideas. Utilice el sentido común. Por lo general usted hará lo correcto; y si lo que hacen usted y su bebé les hace feliz, lo más probable es que estén obrando correctamente.

Uno

Preparándose Para Recibir a Su Bebé

Lo que va a necesitar

- ♥ Una habitación o área para que el bebé duerma. (Los bebés necesitan su propio espacio y los padres necesitan su propio cuarto.)

- ♥ Una cuna o canastilla

- ♥ Cobijas (2)

- ♥ Pañales (varias docenas) de tela o desechables

- ♥ Imperdibles (ganchos)

- ♥ Pantaloncitos de plástico (4) para los pañales de tela solamente

- ♥ Biberones (teteros) (6)

- ♥ Camisetas (6)

- ♥ Chupon (chupetes) (2)

- ♥ Camisas de dormir/pijamas (4)

- ♥ Termómetro

- ♥ Asiento para el carro

- ♥ Tylenol (acetaminophen) para niños (en gotas)

Cómo escoger a su médico

Usted va a necesitar un médico para ayudarle con el cuidado de su bebé. Los bebés pueden llegar más temprano de lo anticipado, así que no espere hasta el último momento para escoger un médico. Juntos, los padres deben entrevistar a Pediatras o a médicos especializados en Medicina Familiar.

Algunas preguntas que, como padres, pueden hacerse:

- Qué entrenamiento especial tiene el médico? (Es necesario que esté certificado por la Sociedad de Pediatría o Práctica Familiar.)

- Los honorarios del médico son más o menos iguales a los honorarios que se cobran en el área donde usted vive?

- Puede encontrar a su médico durante el día, durante la noche y en los fines de semana?

- Quién queda en reemplazo de su médico cuando éste se encuentra fuera (de la ciudad)?

- Cuando llame al consultorio con alguna pregunta, podrá hablar personalmente con el médico si no le satisface la respuesta que le ha dado la enfermera?

- Está de acuerdo su médico con el

sistema de alimentación de pecho o el de fórmula preparada?

- Si usted tiene un hijo varón, va a estar de acuerdo el médico en hacerle la circuncisión?

- Receta el médico antibióticos con frecuencia o los receta únicamente cuando son verdadedamente necesarios?

- Receta el médico antibióticos por teléfono? (La respuesta debería ser "No.")

- Está el médico dispuesto a dialogar con usted sobre la enfermedad y las opciones de tratamiento?

Observe si:

- El consultorio se ve limpio y profesional?

- El personal es amistoso y servicial?

Compare las respuestas con las observaciones que haya hecho y escoja un médico con el cual se siente a gusto.

Dos

Algunas Preferencias

Alimentación: de pecho o biberón?

Alimentación de pecho

El cuerpo de la madre tarda dos o tres días para producir leche materna. Durante los primeros días, el bebé recibe una substancia medio aguada llamada "calostra", la cual proporciona al bebé la resistencia a las enfermedades que tanto necesita. Por esta razón, la alimentación de pecho en los primeros días del bebé es súmamente importante.

La mayoría de las madres pueden alimentar de pecho si así lo desean. La leche materna se vé aguada pero siempre tiene la concentración correcta. Entre más chupa su bebé, más leche producen los senos de la madre.

Empiece por alimentar a su bebé durante 5 minutos en cada seno y vaya aumentando un minuto en cada comida hasta llegar a 15 o 20 minutos en cada lado.

Alterne el seno con que empieza a dar de comer cada vez para que así se vacíe éste completamente cada segunda alimentación.

Sus senos quedarán vacíos de leche a los 15 o 20 minutos de estar chupando el bebé. Puede que el bebé quiera seguir chupando un rato más pero usted ya sin leche, será solo un "entretenedor." Si usted tiene el tiempo y quiere dejarlo chupar está bien, pero si nó, es hora de suspender la alimentación.

Algunos bebés tienen dificultad para agarrar

el pezón especialmente si el seno está hinchado y el pezón no sobresale. La hinchazón sólo dura unos cuantos días y sus senos volverán a estar suaves y flexibles. Esto no quiere decir que se le acabó la leche.

Si su bebé tiene dificultad para agarrar el pezón, puede comprar en la farmacia un "protector de pezones." El protector se coloca encima del seno y a medida que el bebé chupa el pezón de hule jala el pezón dentro del protector. Después de unos cuantos días su bebé no tendrá dificultad para chupar directamente de su pezón. También puede usar el chupon del biberon (tetero) para conseguir el mismo efecto.

Si su bebé chupa demasiado durante los primeros días de lactancia, puede sentir los pezones muy adoloridos, rajándose hasta sangrar. La solución para evitarlo es disminuir el tiempo de lactancia y hacer uso del "protector de pezones" permitiendo así que sanen. Después de unos días el dolor habrá desaparecido.

Los senos no necesitan limpieza en especial. Lávelos con agua corriente cuando estén sucios, séquelos y únteles un poco de crema con vitamina E o aloe vera.

Las madres que son "empujadas" por su familia o su médico para alimentar de pecho, a pesar de que no quieren hacerlo, por lo general no tienen éxito. Estas madres deben considerar la alimentación de fórmula.

Alimentación de fórmula

Los bebés alimentados con fórmula se desarrollan tan bién como los bebés alimentados con leche materna. La leche de fórmula se puede administrar fría como sale de la nevera y la mayoría de los bebés se la toman así con gusto. Recuerde siempre de cargar a su bebé en sus brazos a la hora de alimentarlo. El contacto físico con Papá o Mamá es tan importante para el bebé como lo es para los padres.

Las fórmulas están hechas a base de leche o de granos de soya. La leche de soya puede ser más fácil de digerir.

Las fórmulas vienen con o sin hierro. El hierro contenido en estas fórmulas no produce estreñimiento en su bebé. La mayoría de los bebés se benefician de recibir todo el hierro posible.

Hay muy poca diferencia entre una u otra fórmula. Use la que más le guste a usted. Las fórmulas se encuentran listas para usar, concentradas o en polvo. La fórmula en polvo es la más barata pero la más laboriosa de preparar. La que viene lista es la más costosa pero tiene menos trabajo. La concentrada está en en el medio de las otras dos.

La mayoria de los bebés no necesitan tomar agua pero se les puede dar entre comidas si usted quiere.

Esterilice la fórmula y el agua, (hierva el agua y déjala reposar o compre un este-rilizador) hasta que el bebé tenga cuatro meses de edad.

Desde el punto de vista práctico, todos los biberones y chupones son iguales. Utilice el que más le guste.

Circuncisión

La decisión de circuncidar a su bebito es

puramente personal. Si deciden hacerlo es mejor hacerse en los primeros dos meses de vida.

Argumentos a favor:

- Aunque el cáncer del pene es muy raro, casi nunca se presenta en varones circuncidados.

- Hay disminución de infecciones a la vejiga y al riñón en los primeros años de vida.

- Probablemente habrá menos tendencia a contagiarse de SIDA.

- Probablemente habrá menos susceptibilidad de contagio por enfermedades venéreas.

Argumentos en contra:

- Hay algo de dolor.

- Cuesta dinero

Pañales: desechables o de tela?

La función del pañal es mantener a su bebé limpio y seco.

Los pañales de tela que se lavan en casa son los más baratos.

Los pañales de tela que se lavan por medio de una compañía que presta éste servicio, son maravillosos.

Los pañales desechables son caros pero muy convenientes.

La clase de pañal que usted escoja no tiene

importancia; lo importante es cambiarlo cada vez que esté mojado o sucio.

Los pantaloncitos plásticos que se ponen encima de los pañales de tela son maravillosos para proteger sus ropas.

El Mejor Consejo:

Use los pañales que le sean más convenientes. Cambie al bebé lo más pronto posible cuando se encuentre mojado o sucio.

Tres

Unas Palabras Acerca del Sueño – El Suyo y el Sueño de Su Bebé

Su sueño

Hay diferentes formas de cuidar a su bebé. Si lo que usted hace les hace feliz a los dos, quiere decir que lo están haciendo bien. Papá y Mamá van a descansar muy poco durante las primeras semanas. Ambos se sentirán cansados e irritables. Les aseguro que pronto volverán a dormir y que la vida regresa a su normalidad después de unos cuantos meses.

El sueño del bebé

Los bebés duermen mejor si no están en su habitación (la de los padres). Necesitan dormir sobre una superficie plana en una cuna o canastilla.

Los bebés deben dormir de lado, poniéndoles una cobijita enrollada en la espalda para darles soporte y que no se volten. Trate de impedir que su bebé duerma sobre el estómago. Se cree que el dormir boca abajo puede aumentar la incidencia de Muerte Repentina de Infantes (muerte de cuna).

Los bebés que duermen sobre la espalda o boca arriba, corren el riesgo de ahogarse con comida o mucosidades.

Después de que el bebé haya aprendido a voltearse solito, ya no importará la forma o manera en que lo acueste. Su bebé dormirá en la posición que más le agrade. Su bebé no necesita almohada y además las almohadas blandas pueden ser peligrosas.

Empiece bien desde el principio implementando una rutina para las siestas y la hora de acostarse.

Cuando sea hora de ir a la cama, cambie y alimente a su bebé. Póngalo en la cuna, dígale "buenas noches" y salga de la habitación. Si usted lo hace así desde el principio, su bebé se quedará callado y pronto se dormirá. En los primeros meses de nacido, cargue y contemple a su bebé después de que hayan pasado unos cuantos minutos de estar llorando.

Después de los seis a nueve meses, sólamente contémplelo cuando llora; no lo cargue a menos que tenga que cambiarlo o darle de comer. Después de varios días va a dejar de llorar al darse cuenta que con llanto no va a lograr que lo carguen.

(Ver también Recomendación para Horas de Sueño en Infantes, Niños y Adolescentes, pg. 183).

El Mejor Consejo:

La mayoria de los bebés no duermen toda la noche durante los primeros meses de nacidos; les da hambre y necesitan comer antes del amanecer. Pero no se preocupe, los bebés como los padres sobreviven ésta etapa, dándoles mucho tema para hablar con sus parientes y amigos.

Cuatro

El Primer Año

Su bebé va a cambiar muchísimo durante el primer año.

Cuatro semanas

La mayoria de las reacciones del bebé se deben a sentimientos de comodidad ó incomodidad. El bebé mira a las personas pero no hace contacto social. Su actividad principal es comer y dormir.

Cuatro meses

Le gusta que lo carguen.

Sigue los objetos con la mirada, hace ruidos y se ríe. Si usted le sonríe el hace lo mismo.

A esta edad, muchos bebés se voltean solos en las cama, les emplezan a salir los dientes, y les gusta morder todo.

Seis a nueve meses

Al bebé le gusta mirar a su alrededor, se interesa en los objetos, los agarra y los pasa de una mano a la otra. Juega con sus piés y se voltea de un lado para el otro; trata de gatear o subirse encima de las cosas; trata de sentarse solito, (sin conseguirlo algunas veces). La mayoría de los bebés son risueños, sociables y pueden diferenciar a sus padres de los extraños.

Nueve a doce meses

Al año de edad los bebés se movilizan bastante bien. Gatean, se encaraman y les encanta explorar el medio que los rodea. Muchos tratan de pararse y algunos hasta pueden caminar. Tienen "ojos de águila" para encontrar y recoger objetos pequeñitos con sus manos. Por supuesto, todo termina dentro de la boca.

A ésta edad ya toman de la taza, juegan con la cuchara y quieren ayudarse comiendo solos. Quieren ser independientes y quieren las cosas a su modo, pero se distraen fácilmente.

A ésta edad algunos ya duermen la noche entera, están conscientes de lo que pasa a su alrededor, son muy amigables y les gusta hacer amistades. Algunos dicen "adiós" con la mano, dicen "Pa Pa," y les gusta jugar a las escondidas. Algunos bebés son temerosos, quieren a sus familiares pero no quieren a las personas extrañas.

El bebé de un año es muy activo, balbuceador, ruidoso y por lo general una dicha de tenerlo a nuestro alrededor.

Cinco

Inmunizaciones

Las vacunas que se administran al bebé en los primeros años de vida le harán más provecho que la mayoría de los futuros cuidados médicos.

Las vacunas se administran oralmente ó en forma de inyección, dependiendo de la clase de vacuna. Las inyecciones se ponen usualmente en la parte superior del brazo, el muslo o la nalga. Durante las primeras veìnticuatro a treinta y seis horas puede producirse dolor, hinchazón y enrojecimiento en el sitio donde se aplicó la inyección. Esto no tiene por qué preocuparle. Trátelo con compresas calientes, (una toalla húmeda y caliente) y Tylenol para Niños, (acetaminophen). No administre aspirina a niños menores de 18 años. (Ver también Medicinas para la Fiebre/Dolor, pag. 177).

A veces en el lugar de la inyección se siente una pequeña hinchazon por varios dias. Esta desaparecerá por sí sola, a veces demorando semanas o hasta meses en desaparecer por completo. No es nada serio, despreocúpese.

Vacunas que necesita su niño(a):

DTP (Difteria, Tétano y Tosferina)

Esta vacuna protege a su niño contra la Difteria, Tétano y Tosferina. Se comienza a los dos meses de nacido y consiste en una serie de tres inyecciones cada dos meses. Las injecciones de refuerzo (boosters) siguen en el segundo año, al entrar a al escuela y luego cada diez años. Puede que al niño le de algo de fiebre después de la inyección y se encuentre un poco irritable.

Es posible que el niño se encuentre indispuesto después de la inyección, con un poco de fiebre o irritabilidad. Para prevenir esto se recomienda la administración de Baby Tylenol (acetaminophen) o cualquier otro producto similar en el momento de ponerle la inyección.

No crea en los siguientes mitos o especuclaciones:

- Que la vacuna DPT causa daño al cerebro causando hasta la muerte. No hay evidencia alguna de que esto sea cierto.

- Que si llegara a faltarle a su niño alguna de las vacunas en serie, tendría que volver a empezar la serie nuevamente. Esto no es cierto; debe continuar al itinerario de vacunas apenas le sea posible.

- Que cada vez que su niño se raspe o se corte, necesita hacerle aplicar la vacuna contra el tétano. No es cierto; una vez completada la serie de vacunas, sólo se necesita la vacuna de resfuerzo cada diez años.

DtaP (Difteria, Tétano, Tosferina acelular)

Esta es la vacuna DTP con material de tosferina acelular modificada, buya ventaja es reducir la severidad de la reacción a la vacuna. Ya está aprobada para todas las edades y probablemente va a reemplazar la DTP eventualmente.

Td (Dosis completa de Tétano, dosis reducida de Difteria)

Esta vacuna se aplica después de los siete años de edad.

Hepatitis A

Esta vacuna protege a su niño contra la Hepatitis A. Este caso común de ictericia (los ojos se ponen amarillos), se contagia por el mal hábito de no lavarse las manos después de usar el baño. La mayoría de los niños no se enferman seriamente y como la enfermedad no se presenta con suficiente frecuencia, la vacuna no se recomienda obligatoriamente.

En la actualidad se está aplicando a personas que viajan a países del Tercer Mundo, a las personas que trabajan en contacto con alimentos, en el ramo de la medicina y a las personas que trabajan en guarderías infantiles donde el contagio pudiera ser muy alto. Pregúntele a su médico sobre esta vacuna y si su niño se beneficiaría de recibirla.

Hepatitis B

Se recomienda empezar con esta vacuna al mes de nacido el bebé. Consta de tres dosis, (la primera al cumplir el primer mes, y las otras dos con cinco meses de diferencia). Puede ser necesario inyecciones de refuerzo más adelante.

Esta vacuna es de gran importancia para los adolescentes y jóvenes que pueden estar involucrados en actividad sexual o uso de drogas. Se aplica a los infantes puesto que los vemos con más frecuencia que a los adolescentes en nuestro consultorio, aprovechando así la oportunidad para hacerlo.

HIB (Meningitis)

Esta vacuna protege contra el tipo de meningitis más común, la cual puede causar la muerte de niños en los primeros años de vida. Se comienza a los dos meses y la siguen dos o tres inyecciones más, (dependiendo de la clase de vacuna que su médico use) y un refuerzo que se aplica entre los quince a los dieciocho meses de edad.

DTP-HIB

Esta es una combinación de DTP y HIB, ahorrándole al niño la aplicación de una inyección más. Es la manera ideal de vacunar a su niño contra estas cuatro enfermedades. Se aplica igual a la DTP regular y no produce más efectos secundarios que si se aplicara por sí sola.

MMR (Rubeola, Paperas, Sarampion Alemán)

Esta vacuna protege a su niño contra la Rubeola, las Paperas y el Sarampión aleman. Se le aplica al bebé al cumplir el primer año de edad. El niño puede presentar con un poco de fiebre (calentura) hasta los diez o doce días después de aplicada la vacuna y algunas veces un leve sarpullido. Trate la fiebre con Tylenol para Niños, (acetaminophen). Esto no es indicación de que su niño esté en estado contagioso ni tenga sarampión.

Se aplica un refuerzo de esta vacuna al entrar a la escuela o entrando en la adolescencia.

La mayoría de las escuelas y universidades tienen como requisito de admisión que los estudiantes tengan el refuerzo de vacuna MMR.

Vacuna Pneumovax (Pneumococcal)

Esta vacuna protege contra las pulmonías que son causadas por la mas comun bacteria. Obra bastante bien pero no se aplica rutinariamente a no ser que el niño haya demostrado tener bajas las defensas o padezca de alguna enfermedad que lo haga más suscep- tible.

TVOP (Polio Oral Triple)

Esta es una vacuna de virus vivo (débil), que se administra por vía oral. Protege a su niño con- tra la Polio (parálisis infantil). Se administra a los dos meses de edad en forma de gotas y se refuerza dos meses después. Es necesario otro refuerzo a los doce o dieciocho meses y nuevamente a los cinco o seis años.

También hay disponible una vacuna inyectable (muerta), IPV. Se aplica primero la vacuna muerta, seguida por la vacuna viva TVOP. Esto disminuye el mínimo riesgo de adquirir polio por la vacuna viva y es aconsejable cuando el niño o algún miembro cercano de la familia tiene bajas las defensas.

PPD (Prueba de Tuberculosis en la Piel)

Esta no es una vacuna sino una prueba para saber si su niño ha sido expuesto a la tuberculo- sis. Se administra al año de edad y luego cada uno o dos años.

Esta prueba es obligatoria para entrar a la escuela. Después de los seis años de edad, la prueba PPD puede hacerse cada dos o más años.

Rotashield (Rotavirus)

La rotavirus es una virus muy comun que causa diarrea en los infantes, pero la diarrea puede ser muy peligrosa. La vacuna nueva es segura y eficiente, y es tomada a los 2, 4, 6 meses de edad. Preguntele a su doctor por esta vacuna durante el chequeo de 2 meses.

Varivax (Varicela)

Esta vacuna protege a su niño contra la Varicela. Se aplica al cumplir el primer año. Solo se requiere una sola vacuna hasta los doce años. De los trece años en adelante y los adultos, requieren de dos inyecciones con intervalos de cuatro a ocho semanas. Pregúntele a su médico acerca de ésta vacuna. La Varicela es una enfermedad muy molesta y usted debe proteger a su niño contra ella.

Lo que habrá en el futuro:

- Vacuna para el virus del sistema respiratorio. Este virus causa muchos de los resfríos, toses y pulmonías en los primeros dos años de edad.

- Vacunas combinadas preparadas géneticamente que darán protección múltiple contra varias enfermedades comunes.

Seis

Como Saber Si Su Hijo(a) Está Verdadedamente Enfermo

Es muy importante reconocer si su hijo está verdadedamente enfermo. Los niños pueden presentar muchas quejas y fiebre alta sin estar muy enfermos o vice versa. A continuación explico algunas pautas que le ayudarán a determinar qué tan enfermo está su niño.

- Responde su niño cuando usted trata de contentarlo? Lo puede calmar fácilmente o sigue llorando y gimiendo aunque usted trate por todos los medios de contentarlo?

- Está soñoliento? Qué tan fácil es despertarlo? Se mantiene despierto o trata de dormirse nuevamente?

- Le sonrie su bebé y trata de intercambiar gestos o se ve aburrido y con ansiedad?

- Está su niño molesto, sin querer moverse?

- El color del niño es normal o lo encuentra pálido o azulado?

- Está el niño respirando forzadamente o roncando un poquito con cada respiración?

- Tiene la piel seca? Tiene los ojos hundidos?

Cualquiera de éstos síntomas es indicación de que su niño puede estar muy enfermo y debe llamar al médico inmediatamente.

El Mejor Consejo:

Probablemente lo más importante es su propia intuición o "sexto sentido." Si usted piensa que su niño está verdaderamente enfermo, llame a su médico y pida ser atendido inmediatamente. Si su médico no está disponible o no puede ver al niño prónto, apresúrese al servicio de Urgencias más cercano y pida que su hijo sea atendido cuanto antes.

Siete

El Cuidado de Su Nuevo Bebé

Cómo cargar a su bebé

Los músculos del bebé no son lo suficientemente fuertes para sostener su cabeza hasta que cumpla los tres meses de edad. Es importante recordar esto cuando cargue a su bebé. Puede sostenerle la cabeza en la curvatura del brazo. Si lo carga derecho contra su pecho o con la cabeza sobre su hombro, asegúrese de sostenerele la cabeza con su mano.

Cuando alimentar a su bebé

Alimente a su bebé siempre que tenga hambre. No le ponga horario. Después de unos meses, él o ella pondrán su propio horario.

Entre los nueve y los doce meses puede comenzarle a dar al niño leche baja en grasa (2 porciento) o leche homogenizada. Dele de la misma leche que usted consume, sáquela de la nevera y désela como a cualquier otro miembro de la familia. Todos los bebés necesitan algo de grasa para crecer, así que no le dé leche descremada.

La alergia a la leche verdadera es poco común, aunque sí presenta intolerancia en algunos casos. Si su bebé no está tolerando bien los productos lácteos, cambie a una fórmula a base de soya.

El apetito de su bebé probablemente disminuye durante los meses de verano. Sinembargo, los líquidos son muy importantes y debe ofrecérselos. Recuerde que su bebé va a comer y beber lo que su cuerpo necesita si usted se lo proporciona.

Qué alimentos debe dar a su bebé

Desde el punto de vista nutricional, su bebé no necesita más que leche materna o fórmula hasta los seis meses de edad. Si usted desea, puede ofrecerle un poco de agua entre comidas; la mayoría de los bebés la rechazan porque no les gusta. Si esto sucede no se preocupe puesto que la leche materna o la fórmula contienen suficiente agua para satisfacer las necesidades de su bebé. Después de las tres semanas de nacido puede darle un cereal de arroz para bebés; si se lo da tarde en la noche, puede ayudarle a dormir mejor.

Biberones (teteros)

En la vida hay pocos placeres verdaderos y para el bebé, el tetero es un verdadero placer. No es importante que su niño "deje el tetero" sino que aprenda a tomar de la taza. Una vez aprenda a hacerlo alrededor de los nueve meses, uno o dos teteros al día no son problema alguno.

No hay una edad específica para suspender el tetero. Después de los dos años de edad no se ve bien en público, pero está bien en casa para momentos especiales (siesta, si está triste, enfermo o al acostarse).

Los teteros con líquidos que contienen azucar como la leche o los jugos, tienen que terminarse pronto y no poquito a poco. Los niños que contínuamente están chupando estos líquidos del tetero contraen caries de tetero, lo cual les daña o destruye los dientes delanteros.

Si para sentirse tranquilo el niño necesita andar con un tetero chupando de vez en cuando, dele un tetero con agua. Esto no daña los dientes.

Entretenedores (chupones)

La mayoría de los niños les gusta chupar. Les da un sentido de seguridad.

Los chupones son maravillosos. Proporcionan a los padres muchas horas de paz y tranquilidad.

Todos los chupones funcionan de igual manera; dé a su bebé el que más le guste. No deforman los dientes ni son la causa de que su hijo necesite "frenos" en el futuro.

Ofrezca a su bebé el chupón antes de que comience a chuparse el dedo. El dedo pulgar sí pone presión en el paladar y en los dientes, dando como resultado la necesidad de poner "freno" en

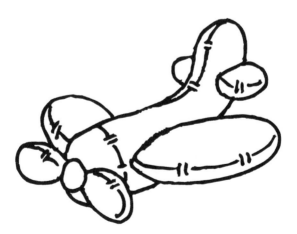

el futuro. Además, los dedos pulgares no son desechables como puede ser un simple chupón.

Cobijitas

Las cobijitas (compañeras) son comunes. Hacen sentir bien a su niño y no les hace ningún daño. Lave las cobijitas cuando sea necesario, eventualmente irán deshaciéndose y por último desaparecen.

El Mejor Consejo:

No se preocupe, ningún niño va a secundaria con tetero, chupon y cobijita.

Vitaminas y fluoruro

Los bebés necesitan vitaminas para crecer y desarrollarse normalmente. La mayoría reciben suficientes vitaminas de la leche y los sólidos que comen. Para asegurarse de que el bebé reciba las vitaminas necesarias, la mayoría de los médicos recomiendan gotas de vitaminas suplementarias, las cuales se comienzan a administrar entre el primero y cuarto mes. De ésta manera se asegura que el bebé esté recibiendo todo lo "necesario" para su crecimiento.

El fluoruro es necesario para fortalecer los dientes del bebé y evitar caries o picaduras en el futuro.

Los dientes permanentes del bebé comienzan a formarse al poco tiempo de nacer y están hechos de calcio. El suplemento de fluoruro puede darse junto con las vitaminas o por separado.

El fluoruro se utiliza como "ladrillo de construcción" en la formación de los dientes, permaneciendo en los dientes indefinidamente.

Este tratamiento es diferente al tratamiento con fluoruro que el dentista luego aplicará en los dientes. El fluoruro aplicado por fuera cubre los dientes y los protege pero no penetra dentro de la estructura actual del diente. Es como si la casa tuviese fachada de ladrillo en lugar de tener la casa construíada con ladrillos.

Algunas ciudades añaden fluoruro al aqua potable. Esto funciona bien siempre y cuando el bebé tome suficiente agua. Para la mayoría de los padres, tan ocupados, lo más conveniente es la combinación de fluoruro con vitaminas. Pídale a su médico que le recomiende unas.

El Mejor Consejo:

Asegúrese de que el médico recete a su bebé vitaminas con fluoruro en los primeros meses de vida.

Temperatura en la casa

Mantenga la temperatura de su casa como a usted le gusta.

Vista a su bebé con la misma cantidad de ropa que usted necesita para sentirse cómoda.

El baño de su bebé

Bañe a su bebé diariamente y siempre que se encuentre sucio. Puede usar cualquier jabón para bebé de los que venden en las farmacias. El bebé no necesita jabón especial y puede usar el mismo jabón que tiene para usted en el lavamanos o la bañera. Dele baños con esponja mojada hasta que se le haya caído el cordón umbilical. Gradúe el agua a una temperatura agradable para usted y lo será también para el bebé.

Si su bebé tiene la piel seca, báñelo día de por medio. Lave las partes sucias tantas veces sea necesario.

Para la piel seca o sensible puede usar jabón Aveeno o Neutrógena.

Nunca deje al bebé sólo en la bañera, ni siquiera por un segundo.

Después del Baño:

El aceite de bebé puede poner a su bebé muy resbaloso.

Puede usar polvos si a usted le gustan.

La loción para bebé hace que huela bien.

Lavado de la ropa del bebé

Lave la ropa con el mismo jabón detergente que usa para lavar la ropa del resto de la familia.

Cuidado de las nalgas

Las nalgas del bebé necesitan limpieza constante.

Mantenga a la mano un rociador de plantas con agua (en recipiente que no se quiebre), para que cada vez que cambie los pañales del bebé y tenga las nalguitas sucias, las rocíe con agua facilitando la limpieza. Cambie el agua del rociador diariamente.

Cómo calmar a su bebé

No se puede "consentír demasiado" a su bebé en los primeros meses de vida. Si llora, revíselo por si tiene hambre o el pañal está sucio. Si el llanto continúa, levántelo y contémplelo un rato. Esto por lo general es suficiente para calmarlo.

Qué debe hacer si el bebé continúa molesto ó gritando a pesar de haberlo alimentado, cambiado los pañales, haber hecho cuanto pudo y el bebé sigue llorando? Recuerde, algunas veces los bebés simplemente lloran porque sí, sin razón. Esto es normal.

No trate de calmar a su bebé aventandolo de un lado para otro, de hombro a hombro o con algún movimiento fuerte. El hacerlo sólo estimulará y tensionará aún más el sistema nervioso del bebé causando más llanto. En lugar de hacer esto, ponga al bebé boca abajo sobre una superficie plana o sobre sus rodillas, acaricie suavemente su espalda y háblele calmada y cariñosamente. Puede mecerlo y arrullarlo, usar un (chupon) para tratar de calmarlo (para el bebé, no para usted!).

Los padres piensan que tienen que hacer algo cuando el bebé está molesto, pero la mayoría de las veces los bebés se calman por sí mismos después de un rato; así que reléjese y tenga paciencia. (Bueno, trate al menos).

Humo del cigarrillo

Los bebés que viven en hogares donde hay humo de cigarrillo, cigarro o pipa, desarrollan más infecciones del sistema respiratorio, del oído y asma. No fume ni permita que alguien lo haga alrededor de su bebé.

La timidez y su bebé

Alrededor de los nueve meses los bebés se vuelven muy sospechosos con los extraños. Esto dura hasta los tres años. La mejor manera de lidiar con ésta situación es no forzar una nueva amistad en el niño sino esperar a que él sea quien la inicie cuando esté listo para hacer amigos.

Ocho

Problemas de Salud en los Infantes

Acné en los bebés

Muchos bebés desarrollan una erupción roja en la cara, la frente y el cuero cabelludo. A esto se le llama acne infantil y desaparece a las siete o nueve semanas de nacido. Si a usted le molesta, puede untarle un poquito de Cortaid (.5 porciento cortisone) varias veces al día para que se le quite más rápidamente.

Ictericia infantil

Uno de cada dos bebés se pone un poco amarillo o amarillento entre los dos a seis primeros días de edad. Esto por lo general es más comun en los bebés alimentados con pecho.

Dele a beber más agua y póngalo cerca de la ventana bajo luz indirecta de sol, (no directamente bajo los rayos solares porque queman la piel del bebé). Si su bebé actúa normal, se alimenta bien y no tiene el color amarillo demasiado oscuro, no se preocupe; la ictericia se quita por sí sola en pocos días.

Marcas de nacimiento

Las marcas de nacimiento son muy comunes en los bebés. La mayoría se desvanecen con el tiempo pero algunas quedan y hasta aumentan de tamaño.

La mayoría de los infantes tienen unas marcas rosado pálidas llamadas "nevus flammeus" o llama capilar; están localizadas en la frente, en los párpados y en la parte trasera de la cabeza cerca a la nuca. También se llaman "marcas de cigüeña" y casi siempre se decoloran y desaparecen completamente.

Existe otra mancha similar llamada "mancha de vino oporto". Estas manchas pueden ser bastante grandes y aparecer en cualquier parte del cuerpo. Son permanentes y no se quitan. Si la marca está localizada en la frente o cerca de los ojos, su médico debe considerar una condición bastante seria llamada Sturge-Weber, la cual puede presentar ataques, glaucoma y retraso en el desarrollo del infante.

Las marcas azul oscuras que parecen moretones se llaman "manchas mongolianas." Son más frecuentes en los bebés de ascendencia oriental y los que tienen la piel oscura. Por lo general se encuentran en las nalgas como también en la parte alta y baja de la espalda y de los hombros. Esta clase de marcas no son dañinas y también tienden a desaparecer. Es importante saber que estas marcas no son moretones y que el niño no ha sido golpeado.

Los lunares por lo general aparecen a medida que el niño va creciendo. Algunos bebés nacen con lunares. Estos pueden ser pequeños o bastante grandes y algunos hasta tienen pelos. Los lunares presentes al nacer se llaman lunares congénitos y deben ser observados por el médico especialmente si son grandes. Los lunares congénitos café oscuros son más propensos a convertirse en lunares malignos y los más grandes deben ser removidos antes de la pubertad.

Una marca de nacimiento común es el hemangioma capilar o marca de "fresa." Estos pueden estar presentes al nacer o aparecer en los primeros meses de vida.

La marca de "fresa" comienza con un punto pequeño y rápidamente empieza a crecer hacia fuera y hacia los lados semejando una fresa, verdaderamente! Pueden ser bastante grandes y tenerlos por todo el cuerpo. Esta marca de nacimiento siempre desaparece en los primeros cinco años y no deja cicatriz. Si le hacen cirujia, casi siempre deja cicatriz.

A menos que la marca de nacimiento esté bloqueando la visión del ojo, lo cual puede poner al niño en riesgo de perder el ojo, (amblyopia ex anopsia; ver Bizco, pág. 40) o si la marca de nacimiento se ulcera, sangra o se infecta seriamente, no se recomienda tratamiento alguno.

Las marcas de nacimiento cafés con bordes irregulares son bastante comunes. Pueden ser bastante grandes, no llaman la atención por feas y no tienen tratamiento. Las marcas de nacimiento cafés claras que tienen los bordes redondos y lisos se les llama "manchas de café con leche." Si hay muchas de ellas puede ser indicación de que el niño tenga una condición potencialmente grave llamada neurofibromatosis, la cual puede ser diagnosticada y explicada por su médico.

El Mejor Consejo:

Las marcas de nacimiento son comunes y por lo general no causan problema alguno. La mayoría desaparecen sin tratamiento. Si usted su médico si debe consultar a un especialista de piel.

Conductos lacrimógenos bloqueados

El bloqueo de uno de los dos conductos lacrimógenos es muy común al nacer. Los ojos del bebé drenan las lágrimas de lubricación en forma de líquido claro por las esquinas de los ojos. Esto sucede cuando el drenaje que conecta con la nariz está bloqueado. La mayoría de estos conductos bloqueados se abren por sí solos antes de cumplir el niño el primer año de edad.

Limpie los ojos usando una motica de algodón mojada en agua salada; (ponga a hervir un taza de agua con ¼ cucharadita de sal y déjela enfriar). Remoje el algodón en el agua esterilizada con sal y páselo suavemente por los ojos cerrados del bebé. El agua penetra suficientemente para limpiarlos. Lleve a su bebé al médico o al especialista si los ojos aún le drenan al año de edad y si tiene los ojos rojos o hinchados.

Movimientos de excremiento

La regularidad con que el bebé "va al baño" es muy importante para la mayoría de los padres. No es muy importante para la mayoría de los bebés!

Cada bebé es diferente. Algunos "hacen" regularmente, otros cada ciertos días. No hay un horario fijo que sea correcto o incorrecto.

Inmediatamente después de nacido, el color del excremento es verde oscuro. Después de unos días cambia el color a amarillo oscuro o anaranjado. El excremento puede ser duro, blando o aguado.

Muchos bebés gimen, gruñen y se les pone

la cara colorada cuando les funciona el estómago. Esto es normal.

Bultos en los senos

Algunos bebés (niños y niñas) especialmente los prematuros, tienen bultos duros y movibles debajo de cada pezón durante las primeras semanas de vida, saliéndoles a veces un poquito de leche (leche de bruja). Esto es normal y no hay nada de qué preocuparse. Los bultos son causados por la hormona femenina de la madre a la cual el bebé está expuesto mientras está dentro del vientre. Estos bultos son inofensivos y siempre desaparecen durante las primeras semanas de vida.

Algunas niñas desarrollan un poquito de seno a fines del primer año o entrando en el segundo año de vida; por lo tanto tienen "pequeños senos." A esto se le llama "thelarque prematuro" o agrandamiento de senos prematuro. La condición puede desaparecer en pocos meses o persistir. No sabemos la causa. Siempre y cuando el bebé se encuentre bien, no se preocupe.

Estreñimiento

Para hacer defecar a su bebé, inserte un supositorio de glicerina por el recto o urgue con la punta del termómetro un poquito; ésto lo hará defecar casi instantáneamente.

Las leches de fórmula Carnation Goodstart o Soyalac hacen la materia fecal blanda.

O usted puede mezclar:

1 cucharadita de miel Karo oscura

1 onza de agua

Si su bebé toma esto varias veces al día, los movimientos fecales serán más frecuentes y la materia fecal saldrá más suave.

Si su bebé está comiendo frutas, las ciruelas son muy buenas para ablandar la materia fecal.

Varias cucharaditas de trigo sin moler mezclado en el cereal o en la salsa de manzana es muy saludable y también ayuda a que la materia fecal salga blanda y con mayor frecuencia.

El Mejor Consejo:

Déjelo tranquilo. El bebé se encargará de "hacer sus necesidades" por su propia cuenta.

Cephalhemotoma (Hemotoma cerebral)

Algunos bebés desarrollan una protuberancia de consistencia suave, llena de líquido en uno o ambos lados de la cabeza. Esto es causado por sangramiento debajo del cuero cabelludo. Este tipo de hematoma no es dañino ni doloroso y desaparece por sí solo en unas cuantas semanas. No requiere tratamiento.

Cólico

Nadie sabe cuál es la causa del cólico. Existen muchas teorías, desde dolor causado por gases hasta tensión transmitida por los padres.

El cólico es más común en los niños varones y en los primeros nacidos.

Su bebé tiene cólico si llora inconsolablemente por varias horas, generalmente durante la noche; encoge las piernas hacia arriba y se ve muy incómodo, le suena el estómago y le salen muchos gases. Cuando no tiene dolor, el bebé está bién.

Los bebés que padecen de cólico comen muy bién.

Los bebés que padecen de cólico se desarrollan muy bién.

Los bebés que padecen de cólico hacen defecaciones normales.

Los bebés que padecen de cólico enloquecen a los padres!

Si usted nunca ha tenido un bebé que padezca de cólico, no se puede imaginar lo estresante que puede ser esto para todos en el hogar.

Puede ensayar lo siguiente:

- Las madres que alimentan del pecho deben dejar de tomar café, leche y refrescos de cola (oscuras). Deben dejar de comer productos derivados de la leche como también el choco-late. Si esto da resultado, lo va a notar dentro de las próximas cuarenta y ocho horas.

- Si el bebé está siendo alimentado
  con leche de fórmula en biberón,
  cambie la fórmula a base de soya.

- El producto anti-gases "simethicone"
  en forma de gotas que se consigue
  sin receta médica a veces sirve
  para aliviarlos un poco.

- Usted puede preparar estos
  remedios caseros:

Una pizca de comino
Una pizca de orégano
Añada 1 ½ tazas de agua y hierva por 5
minutos. Cuele la mezcla hervida y añada
azúcar al gusto. Se le puede dar tibio al bebé
cuantas veces lo necesite para el cólico.
O:
Una cebolla amarilla partida en trozos.
Hiérvala en 6 oz. de agua hasta que el agua
tome un color oscuro (como café). Deje
enfriar y endulce con un poco de azucar. Dele
al bebé 1 o 2 onzas de este líquido tibio
cuantas veces sea necesario.

- Saque al bebé a pasear en el carro
  hasta que deje de llorar.

- Prenda la aspiradora y recuéstela en
  la cuna.

- Compre "Sleep Tight," un aparato
  que simula el ruido de estar
  paseando en carro. Este aparato es
  costoso pero da resultado la
  mayoría de las veces. (Luego lo

puede rentar a los amigos o
vecinos).

El Mejor Consejo:

Haga lo que esté a su alcance para mantener su juicio sano. El cólico desaparece por sí solo alrededor de los cuatro meses de nacido y no le causa daño alguno a su bebé.

Crusta láctea

Muchos niños padecen de crusta láctea. Es una forma de dermatitis seborréica similar a la caspa y a veces cubre el cuero cabelludo y parte de la frente y la cara. La piel y el cuero cabelludo se resecan. Puede presentar enrojecimiento y descamación.

A la mayoría de los padres les digusta esta costra y se preocupan cuando en realidad no es motivo de preocupación. Si su bebé tiene crusta láctea no quiere decir que usted no es un buen padre/madre. Haga lo siguiente: lave el pelo y la cara del bebé frecuentemente; también puede untarle Cortaid (.5 porciento cortisone) o Cortizone-10 (1 porciento cortisone) en el área afectada varias veces al día; pasados dos o tres días, lave la cabeza con champú y la costra desaparecerá.

El Mejor Consejo:

La costra no es dañina. No quiere decir que usted no limpie a su bebé y aunque no haga nada por quitarla, ella sola desaparecerá eventualmente.

Ojos cruzados – bizco (estrabismo)

Esta condición es bastante común en los niños. Durante los primeros meses de vida probablemente no es importante que los ojos estén derechos. Sin embargo, a los cuatro meses de edad los ojos ya deben verse alineados y con la vista derecha.

Seudo estrabismo es cuando los ojos están alineados pero debido a los dobleces de la piel entre los párpados y la nariz llamados pliegues epicanthus, parece que el bebé hiciera bizco cuando mira hacia los lados. Su médico lo puede diagnosticar y aconsejar.

El estrabismo puede ser causado por:

- Un error de refracción, (miopía o hipermetropía).

- Imbalance de uno o más de los seis músculos que controlan el ojo.

- Algo serio dentro del ojo mismo.

Recuerde que los músculos que controlan los ojos se cansan después de uso prolongado. Si usted observa en casa que los ojos del bebé no están alineados, pídale a su médico que lo refiera a un oftalmólogo aunque parezcan estar perfectamente derechos esa misma mañana en el consultorio médico.

Si los ojos del niño no están alineados perfectamente le pasa lo siquiente: la parte trasera del cerebro, (corteza occipital o área de visión) recibe dos imágines (una de cada ojo) que no están sobrepuestas. El cerebro humano no tolera ver "doble," así que aisla una de las imágines. El cerebro, con el paso del tiempo, pierde la abilidad de funcionar en esta área del ojo, enceguecíendolo. Se le llama amblyopia ex anopsia y si no se trata antes de los cuatro años de edad, ocasionará ceguera permanente en el ojo afectado.

El tratamiento puede ser:

- Anteojos para corregir cualquier error de refracción.

- Poner un parche en el ojo bueno para obligar al ojo malo a trabajar (y por lo tanto estimular al cerebro a funcionar de nuevo).

- Cirugía del músculo del ojo (o medicina inyectada para paralizar el músculo tenso del ojo con el fin de alargarlo).

El Mejor Consejo:

El estrabismo debe ser diagnosticado y corregido antes de los cuatro años de edad. Si los ojos de su niño parecen "cruzados" háblele a su médico para que lo refiera a un especialista y le haga una evaluación completa. Si los ojos de su niño estaban derechos y de repente se cruzan, llame a su médico inmediatamente.

Erupción por pañal

Usted puede curar la mayoría de las erupciones de pañal ya sea dejando al niño sin pañal o cambiando a su bebé con más frecuencia. Ayuda también una buena pomada protectora como Balmex o Diaparene. Si estas pomadas no curan la erupción, puede ser entonces causada por hongo. Mantenga limpia el área del pañal y "séquela" con un secador de pelo en calor "medio" (no caliente) después de cada cambio de pañal. Use una pomada fungicida como Micatin o Lotrimin (miconazole o clotrimazole) que se pueden comprar sin receta médica.

Sarpullido de pulga (erythema toxicum neonatorum)

Muchos bebés tienen un sarpullido de punticos rojos llamado "sarpullido de pulga"; aparecen por todo el cuerpo en la primera semana de nacidos. No se preocupe, no tiene nada que ver con las pulgas y desaparece por sí solo después de algunos días.

Sarpullido por calor

Esta erupción es muy común cuando el clima está caliente. Parecen puntitos rojos. Mantenga a su bebé fresco en la sombra y use un talco suave sobre la piel. La ropa debe ser muy liviana y aireada.

Hernias

La hernia es un orificio (hueco) en la pared abdominal. Las hernias están presentes al nacer.

Las hernias se vienen a notar cuando algo, generalmente un trozo de intestino, se introduce por el orificio formando un bulto o protuberancia. Esto puede suceder a cualquier edad. Algunas hernias (umbilicales) desaparecen por sí solas. Otras (inguinales), hay que cerrarlas por medio de cirugía.

Las hernias umbilicales están presentes en todos los bebés. El orificio está localizado en el sitio de penetración del cordón umbilical en el bebé: el ombligo.

Las hernias umbilicales generalmente se cierran por sí solas a lo largo de unos meses. Los ombligueros o las monedas puestas sobre el ombligo no ayudan para nada.

La hernia umbilical que sigue presente a los tres años, probablemente no va a desaparecer y necesita tratamiento quirúrgico.

Las hernias inguinales se presentan en la ingle y son más comunes en los niños varones aunque también ocurren en niñas.

Durante el desarrollo del bebé, hay un orificio a ambos lados de la ingle para que los testículos de los varones (que se originan en el estómago) puedan llegar al escroto (bolsa) a través de estos orificios.

En las niñas existen los mismos orificios aunque no se utilizan ya que los ovarios permanecen en el estómago y no tienen necesidad de descender.

Estos orificios por lo general se cierran antes de nacer. Si permanece abierto, el bebé tiene una hernia.

Si un trozo de intestino penetra por el orificio, aparece un "bulto" en la ingle. Este bulto puede aparecer y desaparecer y se pronuncia más cuando el bebé llora o puja para defecar.

La hernia inguinal no desaparece. La única cura es por medio de cirugía. Mientras la hernia exista, hay la posibilidad de que el intestino quede atrapado formando una hernia extrangulada que requiere cirugía de emergencia.

En niñas pequeñas ocasionalmente ocurre hemiación de ovario, saliéndose éste por el orificio. Se siente un "bulto" suave en la parte inferior del estómago. Una vez afuera, el ovario herniado no puede introducirse nuevamente y requiere cirugía de emergencia para salvar el ovario.

El Mejor Consejo:

Si usted cree que su hijo/a tiene hernia umbilical, obsérvela hasta su próxima visita al médico y hágasela notar. Si usted piensa que su bebé tiene hernia inguinal, llame a su médico.

Hidrocele (agua alrededor del testículo)

Alrededor de los testículos del varón hay una membrana que los cubre suave y firmemente como un guante. Si se acumula líquido dentro de esta membrana, se infla como un balón y el área en ese lado se verá grande e hinchada; esta condición se conoce como hidrocele.

Hidroceles son comunes. Pueden estar presentes al nacer o aparecer en el primer año de vida. Pueden ocurrir en cualquier momento después de una lesión en esta parte del cuerpo.

Hidroceles puede ocurrir en uno o ambos lados. Pueden ser grandes y duros pero no duelen ni molestan al bebé.

Hidroceles son transparentes, es decir que una fuente de luz (linterna) brilla a través del líquido recogido, (lo cual no sucede si fuera masa sólida).

Los bebés con hidroceles también pueden presentar hernias.

Hidroceles simple desaparece por sí solo. Si

hay hidrocele presente al cumplir el primer año, probablemente no va a desaparecer y debe ser extirpado quirúrgicamente. La cirugía de hidrocele es muy sencilla. Si existe una hernia, el cirujano la puede arreglar al mismo tiempo.

No sabemos la causa de hidroceles. Si su bebé padece de esto, obsérvelo por lo menos durante un año antes de pensar en cirugía.

Infecciones

Los bebés no saben como lidiar con las infecciones especialmente en los primeros meses de vida. Mantenga a su bebé alejado de las multitudes y especialmente de la gente enferma.

El Mejor Consejo:

Cualquier temperatura por encima de 100.8° F es potencialmente peligrosa en cualquier bebé de menos de tres meses de edad. Llame a su médico.

Escupir (reflujo del esófago)

De vez en cuando, los bebés escupen un poco. Esto es debido a que el músculo de la boca del estómago está suelto, devolviendo parte de los alimentos. A esta condición se le llama reflujo esofágico. No se preocupe siempre y cuando el bebé aumente de peso. Si el vómito frecuente se convierte en algo muy molesto, puede hacer lo siguiente:

- Espese la leche con un poco de cereal de arroz para bebés; (recuerde agrandar la ranura del chupon).

- No le haga movimientos fuertes después de comer; cárguelo quieto y en posición vertical.

- Cuando quiera dejar de cargarlo, siéntelo en posición vertical en el asiento especial para el carro.

- Mantenga un trapo (toallita) sobre su hombro para proteger su ropa en caso de que el niño vomite.

Si el bebé pierde peso lentamente, llévelo al médico. (Ver también Vómito, página 48).

Dentición

Los dientes pueden salir en cualquier momento desde el nacimiento a los dieciocho meses de edad. Tarde o temprano tienen que salir.

Usted puede aliviar la salida de los dientes dándole al niño Tylenol para Bebés (acetaminophen). Los aros de dentición fríos también ayudan.

La dentición no produce fiebre pero sí baja

las defensas del bebé contra las infecciones virales o de cualquier otra clase que sí pueden producir fiebre.

Algodoncillo o infección por monilia

Algodoncillo es una infección por monilia dentro de la boca y es muy común. La mayoría de los bebés se contagian alguna vez y por lo general no les molesta. El hongo común llamado monilia vive dentro de la boca y, cuando las circunstancias son propicias, crecen y se hacen visibles en forma de parches irregulares de color blanco que se adhieren a las paredes internas de las mejillas y encías. Con frecuencia se confunde esta enfermedad con leche adherida a la lengua y paredes de la boca. Puede tratarse con un medicamento oral (mycostatin), pero aún sin tratamiento, los parches blancos desaparecen por sí solos, eventualmente. Si el bebé está siendo alimentado del pecho, la madre puede usar una crema anti-hongo como Lotrimin o Micatin para prevenir que los pezones se rajen y duelan.

Sangre en la vagina

A veces a las niñas recién nacidas les sangra o les sale una secreción de mucosidad de la vagina.

Esto es causado por la hormona femenina de la madre a la cual la niña estuvo expuesta en el vientre de la madre. No se preocupe; esto es normal y deja de ocurrir por sí solo.

Vómito (estenosis pilórico)

El verdadero vómito, el que se presenta cuando la leche y la comida salen "volando," puede ocurrir durante el primer o segundo mes de nacido.

Si persiste, puede significar que el músculo al final del estómago esta muy tenso impidiendo que el estómago pueda desocuparse. Esto se conoce con el nombre de estenosis pilórico. Esta condición es más común en niños primogénitos y es hereditario.

Con estenosis pilórico el vómito empeora progresivamente y el bebé pierde peso. Esta condición debe ser corregida quirúrgicamente.

Si su bebé manifiesta vómito continuo y/o perdida de peso, llame a su médico.

(Ver también Escupir, pág. 46).

Nueve

El Desarrollo de Su Niño en los Primeros Cinco Años

Los primeros cinco años son turbulentos y ponen a prueba su paciencia. Nuestro encantador y amigable bebé de un año se convierte en una persona completamente diferente y unas veces nos parece un angel y otras un pequeño monstruo.

Su bebé aprende a hablar

Durante los primeros dos años de vida es muy importante que su bebé desarrolle las habilidades de escuchar y hablar. Si usted le habla, le canta y lee a su hijo, le está ayudando a que aprenda a hablar.

De tres a cuatro meses: El bebé escucha cuando usted le habla. Cántele y háblele cuantas veces le sea posible con un tono de voz amable. Es motivo de preocupación si su bebé no lo sigue con la mirada cuando usted le habla.

A los doce meses: El bebé dice una o dos palabritas, señala con el dedo y balbucea. Enséñele dibujos y los nombres de los objetos a su alrededor. Es motivo de preocupación si el bebé no señala con su dedo las cosas que desea.

A los dieciocho meses: el bebé debe pronunciar aproximadamente unas treinta palabras y seguir instrucciones sencillas. Enséñele canciones de cuna, rimas infantiles y déle órdenes simples que él pueda cumplir.

Preocúpese si el bebé no pronuncia más de cinco palabras.

A los veinte meses: el bebé dice frases de dos palabras y obedece instrucciones sencillas, entiende la mayoría de lo que usted le dice y disfruta oyéndole hablar. Debe preocuparse si no sigue instrucciones como "ven con mamá."

A los dos años o más: el niño disfruta oyendo cuentos sencillos. Usa muchas palabras uniendo varias de ellas. Es de preocuparse si a los dos años no pronuncia cincuenta palabras o no usa dos palabras juntas.

El Mejor Consejo:

Anime a su bebé a que hable, hablándole y cantándole lo más que pueda. Si su bebé cae en la categoría de los que son motivo de preocupación, hable con su médico para que le aconseje cuál es el paso a seguir.

A los dieciocho meses

El niño es negativo con frecuencia. A todo contesta "No" y se distrae fácilmente. Se mueve mucho y es muy inquieto. Cuando se encuentra frustrado, recurre a morder y dar golpes.

A los dos años

El niño es más calmado, pero a esta edad es tan solo un "respiro momentáneo" para papá y mamá.

A los dos años y medio

El niño no tolera cambios a su alrededor ni en su rutina diaria. Se enoja fácilmente, es corajudo, es dominante y dictador. El tener que tomar decisiones lo confunde y es una pérdida de tiempo. Papá y mamá deben ser positivos, tomar las decisiones y evitar que el niño sea quien esté en control.

A los tres años

Estos son tiempos mejores. La palabra "Sí" es más frecuente y, en vez de limitarse a hablar, el niño está listo a dar más de sí y compartir un poco. Los rituales van desapareciendo y las personas se vuelven más importantes para él. Pueden presentarse episodios de llanto y el niño necesita ser alentado contínuamente. Entre los tres y medio y cuatro años es muy común tener un "amigo imaginario" especialmente en los hijos únicos.

A los cuatro años

A esta edad su hijo puede estar fuera de control, desafiante y fanfarrón. Puede que muerda y de golpes al sentirse frustrado. Puede que grite y diga malas palabras. También puede que diga mentiras.

Su niño de cuatro años necesita libertad para descrubir el medio que lo rodea, pero también necesita contol y límites firmes.

A los cinco años

Esta por lo general es una buena etapa. Su niño se siente más seguro de sí mismo y es más condescendiente; también quiere a su papá y a su mamá. Disfrútelo!

Diez

El Cuidado de Su Pequeño

Alimentación de su pequeño

A los pequeños les gusta la mayoría de los alimentos y están dispuestos a probar lo que se les ofrezca.

En cuanto sea posible, dele de los mismos alimentos que usted come y hágalo parte de la familia. El pequeño de tres o cuatro años no necesita comidas especiales.

Su hijo crece rápidamente. La carne y otras proteínas son tan importantes para él como también las frutas y los vegetales. Ofrézcale estos alimentos antes de ofrecerle otros menos alimenticios como las harinas y los dulces.

La leche y sus derivados suministran el calcio necesario para el crecimiento de los huesos. Si a su niño no le gusta la leche, la mejor manera de reemplazarla (y la más barata) es dándole una pastilla de Tums. Puede comprarse en cualquier farmacia. Viene en varios sabores y es masticable. Dos o tres Tums diarias le proporcionan a su niño todo el calcio necesario para el buen crecimiento de los huesos.

Déle a su niño la misma comida que sirve al resto de la familia, pero no lo regañe si no quiere comer. Los momentos para comer en familia deben ser agradables. Cuando el niño acabe de comer retírele el plato y mándelo a jugar. No le dé alimentos entre comidas.

La mayoría de los niños no consumen la cantidad de alimento que los padres creen que necesitan. Recuerde, los niños son como pequeños carros deportivos; cuando el tanque de gasolina está vacío, no funcionan.

Si su hijo se está moviendo de aquí para allá, se siente bien y se ve contento, no se preocupe qué tanta comida consumió o nó; debe ser suficiente.

El Mejor Consejo:

Recuerde que usted no está manejando un restaurante. Su pequeño tiene que aprender que la comida se sirve a las horas de comer y que la única opción que tiene es comer o quedarse con hambre.

Caminar, pies y zapatos

La mayoría de los niños caminan cuando están listos para hacerlo, entre los ocho y los dieciocho meses de edad. En cualquier momento durante este lapso de tiempo se considera normal.

Cuando los niños se paran y caminan por primera vez, la mayoría de ellos dirigen los pies hacia adentro, hacia afuera o hacia los lados para lograr un mejor equilibrio. Muy raramente están derechos (dirigidos hacia el frente) desde un principio.

Los tobillos los tuercen hacia adentro y el pié parece plano con un poco o nada de arco. Esto se debe a que los ligamentos se encuentran sueltos y a la acumulación de grasa en la planta del pie, la cual llena el arco.

Muchos niños parecen patizambos. Todo esto se corrige por sí solo durante los primeros años, sin barras en los zapatos o zapatos ortopédicos costosos.

Información que debe tener en cuenta acerca de los zapatos:

- Los zapatos no enderezan los pies ni los tobillos.

- Los zapatos protegen el pie del calor, del frío y de los objetos punzantes.

- Los zapatos deben ser lo suficientemente largos, anchos y la suela debe ser suave y flexible.

- Las botas son caras y no benefician ni los pies ni los tobillos. Los zapatos de tenis son aceptables.

- Compre zapatos que a usted le gusten, que calcen bien, que sean suaves y baratos porque los pies del niño crecen muy rápido.

El Mejor Consejo:

Su niño caminará cuando él/ella esté listo. Los pies y las piernas de su pequeño estarán bien si usted los deja tranquilos.

Hora de dormir

A los pequeños les gusta la rutina y necesitan una hora fija para acostarse.

Muchos pequeños alegan y tratan de convencerlo para no acostarse a tiempo. No discuta con él. Sencillamente dígale, "es hora de acostarse, vamos para la cama" y acuéstelo.

Si llora, regrese brevemente a contemplarlo, pero no lo cargue.

Si el niño se sale del cuarto una y otra vez, coloque una rejilla en forma de barrera (o cierre la puerta). No se sienta culpable; los niños no tienen por qué estar andando por la casa de noche.

A los niños les encanta dormir en la cama da papá y mamá. No lo permita! Cada noche que su niño pase en su cama hará mas difícil que él vuelva a la suya. Si es necesario, coloque una reja en la puerta del cuarto, deje prendida una lamparita de noche y mantenga juguetes adecuados para que el niño duerma con ellos.

El Mejor Consejo:

Tanto los niños como los padres duermen mejor si cada cual duerme en su propia cama por la noche. No convierta la acostada en algo problemático. Sea firme y consistente y no tendrá problemas.

Soltura crónica del estómago

Pocas cosas son tan frustrantes (y preocupantes) para los padres como el tener un niño a quien tiene el estómago suelto de una a cuatro veces al día, diariamente. Esto sucede a niños entre los nueve meses y los dos años de edad. Frecuentemente empieza con un ligero malestar estomacal, vómito y diarrea. El niño se mejora, come bien, pero continúa con estas desagradables solturas de estómago.

El excremento se sale del pañal, es difícil de limpiar y enloquece a todo el mundo! Los padres cambian a menudo de médico esperando encontrar una cura, pero las solturas de estómago continúan por muchos meses, sin importar lo que se haga.

La mejor explicación a este problema tan molesto es que la velocidad de la tripa que empuja la comida dijerida ha aumentado, absorbiendo menos agua (pero no nutrientes).

Es más importante saber que el niño nó está enfermo. Los niños con soltura crónica de estómago se sienten bien, comen bien, aumentan de peso y son muy activos.

La diarrea, sí es una enfermedad: el niño tiene muchos excremientos flojos, no se siente bién y está generalmente indispuesto.

Que deben hacer los padres?

Es importante recordar a los padres que estos excremientos flojos no molestan al niño, sólo a los padres.

Puede usar el producto llamado Lactinex Granules (lactobacillus) que se vende sin receta médica.

A veces ayuda darle al niño diariamente, media cucharadita de aceite de cocinar con las comidas.

Mejor Consejo:

Si su niño tiene muchos excremientos sueltos, pero está creciendo bien, comiendo bien, es activo y está aumentando de peso, no se preocupe. Permanezca de buen humor; límpielo y espere con paciencia a que le pase esta etapa. Por lo general esta aflicción mejora por sí sola.

Enseñándole a usar la basinica

Usted no puede obligar a su niño a ir al baño.

Si lo obliga, el niño se da cuenta de que esto es algo muy importante para usted y entonces se convierte en un juego para NO hacerlo. El niño se aguanta, el excremiento se seca y se endurece. Cuando el niño decide "hacer," entonces le duele. El dolor hace que el niño nuevamente se aguante y empieza un círculo vicioso: dolor y aguantar. Ahora sí que tiene un verdadero problema!

Los niños aprenden a ir al baño ellos mismos cuando están listos, usualmente entre los dos y los cinco años de edad.

Para aprender a usar el baño, el niño debe experimentar primero la sensación y luego a tener control, lo cual viene de sies a nueve meses más tarde.

Mientras esto no ocurra, usted no lo puede entrenar.

Una vez que los niños experimentan esta sensación, ellos mismos avisan cuando están mojados o sucios para que los cambien.

Si usted cambia el pañal o los calzones de entrenamiento frecuentemente, llega el momento en que va a encontrar que su niño todavía está limpio. Ahora el niño puede controlar o aguantar el excremento. Desde este momento en adelante, el entrenamiento sucede rápidamente.

El entrenamiento en la noche usualmente toma más tiempo que el del día y muchos niños siguen necesitando pañales durante la noche.

Utilice un asiento – basinica de niños y manténgala en el baño. Cuando usted tenga que usar el baño lleve al niño con usted. El niño juega con la basinica hasta que eventualmente se sienta en ella. Estimúlelo pero no lo obligue.

Si usted quiere que su niño se siente en el excusado, siente al niño al revez y enséñele a que se agarre de la tapa para sostenerse.

Puede pegarle una calcomanía a la tapa del excusado para que el niño se entretenga mirándola.

El Mejor Consejo:

Todos los niños se entrenan por sí mismos eventualmente. Si usted lo motiva y no lo presiona, no tendrá problema.

Jugando con materia fecal

Antes de que su pequeño esté listo para aprender a usar el baño, le ocurre la sensación de que "algo" está sucediendo. Esta es una sensación nueva y por lo general despierta mucho interés en el niño por saber qué está pasando "allá abajo." Pronto el niño se da cuenta de que algo ha "salido"—ha "producido" algo. Esto es muy emocionante! Muchas veces (con frecuencia) meten la mano dentro del pañal para tocar qué hay allí y luego juegan con la materia fecal, la amazan o la untan por todas partes. Esto es muy divertido para el niño, más no para los padres quienes a menudo se desesperan y no saben qué hacer. Recuerde que esto no es un comportamiento aberrante: en realidad es muy común.

El niño no lo hace para molestar a sus padres. El pequeño está muy orgulloso de lo que ha producido. El niño no considera que la materia fecal es sucia, por lo tanto no logra entender por qué los padres se alteran tanto. Este es un comportamiento que pasa rápidamente.

El Mejor Consejo:

Limpie a su niño y todo a su alrededor. Mantenga el sentido del humor y confíe en que pronto pase esta fase de comportamiento.

Morder

Entre los quince y los venticuatro meses de edad a muchos pequeños les da por morder a sus padres, sus hermanos o cualquier otro niño que esté cerca cuando se sienten frustrados o bravos. Esto puede convertirse en un verdadero problema, especialmente si el niño va a una guardería infantil.

No hay un tratamiento especial para esto. Usted debe proteger a los otros niños apartando a su hijo de ellos por un corto período de tiempo. El morder es un comportamiento normal para su edad y afortunadamente no dura mucho tiempo. Los niños a esta edad son "salvajes" y esta es su manera de mostrar su descontento.

El Mejor Consejo:

Si su hijo muerde a otras personas, protéjalas y espere con paciencia a que pase este tipo de comportamiento que no debe durar mucho tiempo.

Precaución con el agua

La mayoría de las veces los niños se ahogan en las piscinas (albercas) porque no tienen rejas de seguridad. Por lo general estos accidentes suceden en las piscinas de los familiares, los abuelos o los vecinos. La típica víctima de estos accidentes es el niño de tres años de edad, hiperactivo, que se ahoga en la piscina familiar cuando lo dejan solo. La persona que lo cuida lo descuida por un segundo para contestar el teléfono, el timbre o traer algo de la casa.

No hay forma de proteger completamente a los pequeños contra el ahogamiento asi que

ponga una reja alrededor de la piscina con aldaba de cierre automático.

Los infantes y los pequeños con frecuencia se ahogan también en la tina. Nunca deje a su pequeño sin supervisión durante el baño aunque suenen el teléfono o el timbre de la puerta.

Aprenda CPR (respiración cardio-pulmonar). Pregunte si en la Cruz Roja local o en algún hospital cercano ofrecen clases de CPR. Si usted logra restablecer la respiración después de un accidente de ahogamiento, las probabilidades de una recuperación completa son muy buenas.

El Mejor Consejo:
Nunca pierda de vista a su niño cuando esté cerca del agua.

Mascotas

Las mascotas nuevas y los pequeños no son una buena combinación. Los perritos o los gatos no son nunca un regalo adecuado para un pequeño. Los pequeños no respetan ni el espacio ni los derechos de las mascotas. Ellos perciben estos animales como objetos inanimados similares a las muñecas que pueden maltratar a su gusto.

Si usted ya tiene un perro o un gato cuando el bebé nace, ambos por lo general se la llevan bien. No solo la mascota es más adulta, sino que la mascota ve crecer al bebé y conoce sus movimientos. Las mascotas adultas aprenden a esquivar al niño atronado haciéndose a un lado cuidadosamente.

Mantenga siempre al niño alejado del animal cuando esté comiendo. Los animales tienen poca tolerancia con los niños mientras comen y lo pueden morder para proteger su comida.

Siempre mantenga a su niño alejado de cualquier animal con cachorros. La madre (en el reino animal) se vuelve muy protectora y ataca a morder si piensa que sus cachorros están en peligro. Los pequeños no alcanzan a comprender que los animales se asustan fácilmente y que su mecanismo de defensa es morder y arañar.

El Mejor Consejo:
No tenga gato ni perro hasta que su niño tenga por lo menos cinco años de edad.

Orinarse en la cama (enuresis)

Orinarse en la cama es un problema común en los pequeños y con frecuencia es muy frustrante para los padres. El no mojarse durante la noche es parte del crecimiento y por lo general, sucede desde los dieciocho meses en adelante.

Recuerde que:

• Los niños se auto entrenan cuando ellos se sienten listos para hacerlo, generalmente entre los dos y los cinco años de edad. La mayoría no pueden mantenerse secos antes de esta edad. No se "desespere" tratando lo imposible.

• Los problemas emocionales muy rara vez son los culpables de que el niño se orine en la cama.

- El niño no quiere orinarse y se siente tan descontento como usted.

- Orinarse en la cama es más común en los niños varones y, por lo general, hay antecendentes familiares al respecto.

- Si su hijo no está en la etapa de desarrollo preciso para ser entrenado, no le será posible hacerlo.

- Si el niño está listo, el entrenamiento sucede por sí solo sin tener que ponerle mucho empeño.

- Entre más presión le ponga al niño para no orinarse en la cama, más lo hace.

Si el niño tiene seis o más años, puede ensayar las siguientes recomendaciones.

- Hay en el comercio varios aparatos "despertadores." La mayoría de ellos tienen una campanita que suena al sentir las primeras gotas de orina, despertando al niño. Esto le enseña a despertarse y levantarse al baño. Estos aparatos dan buen resultado, siempre y cuando su niño no tenga un sueño muy profundo.

- Medicamento anti-espasmódico, especialmente Ditropan, da resultado algunas veces pero no suficientemente como para intentar solucionar este problema.

- La mejor manera de tratar el problema de orinarse en la cama es con el producto DDAVP o desmopressin acetate. El DDAVP es similar a la hormona antidiuretica que nuestro organismo produce para regular elnúmero de veces que orinamos. Esta hormona antidiurética se encuentra reducida en cantidad en los niños que se orinan en la cama. El DDAVP es producido artificialmente y se consigue en forma de rociador para la nariz, administrándose a la hora de acostarse. Da muy buen resultado pero se necesita prescripción médica para comprarlo. Es algo costoso y es más efectivo después de los seis años de edad.

Los medicamentos antidepresivos sirven en algunos niños; no se sabe cómo trabajan, símplemente trabajan. Pueden usarse cuando el niño ya mayor, quiere ir a pasar la noche a casa de un amigo(a) o ir de campamento. Todas estas drogas son potencialmente peligrosas y sólo se deben usar bajo supervisión médica.

El Mejor Consejo:

No se desanime: Casi todos los niños aprenden eventualmente a mantenerse secos durante la noche.

Cómo inculcar respeto y valores

Escuche a su hijo. Hablen mutuamente.

Este listo a alabarlo en el momento adecuado, y no esté siempre dando instruciones o quejándose.

Sin embargo, no lo mime al extremo. Usted tiene que aprender a distinguir entre las cosas que su niño necesita y las que quiere. Debe enseñarle a respetar los derechos de los demás, incluyendo los suyos como padre/madre. Los deseos de su niño vienen después de que usted atienda sus propias necesidades y siempre y cuando haya tiempo disponible.

Los padres que trabajan tienen el tiempo muy limitado y los niños no necesitan, ni deben copar todo su tiempo libre.

Muchos padres que trabajan se sienten culpables por dejar a sus niños durante el día. Entonces tratan de compensar mimando al niño cuando llegan a casa. Esto no esta bién y no ayuda en nada al desarrollo del niño. Todos los padres necesitan tiempo para sí mismos y, ocasionalmente, inclusive alejarse de los niños. Los niños deben acostumbrarse a la compañia de otras personas, como por ejemplo, las niñeras. También deben aprender a jugar solos y aprender a esperar.

No siempre tiene que rescatarlo de las frustraciones diarias. Su niño debe aprender a lidiar con estas situaciones. Esté disponible y listo a ayudarle y a darle su apoyo cuando su niño falle en algo o se sienta asustado.

Viajes

Viajar con niños nunca es fácil. Si viajar con

su niño es difícil para usted, recuerde que para él es igualmente difícil (si no más).

Se necesita planificar antes y durante el viaje para que sea una experiencia agradable para todos. Si usted planifica bien y todos mantienen una buena actitud, el viaje les puede resultar divertido.

Los viajes en carro: Los niños se aburren rápidamente, les da hambre y les dan ganas de ir al baño. Prepárese de antemano empacando juguetes, material de lectura, algo de comer y algo de beber. Planee hacer algunas paradas (por lo menos cada hora y media o dos) para usar el baño y dejar que el niño desahogue parte de la energía acumulada. Con los niños mayores invente juegos como buscar placas de carro especiales, señales de carretera o animales en el camino. Siempre asegurese de que todos tengan puesto el cinturón de seguridad.

Los viajes en avión: los niños pequeños no disfrutan del avión una vez pasado el entusiasmo del despegue y sentirse en el aire. Los reglamentos de las aerolíneas son estrictos y el pequeño debe permanecer sentado y asegurado a su asiento la mayoría del tiempo. Esta es una experiencia excitante para el niño activo que quiere explorar e investigar este nuevo y fascinante entorno.

La mayoría de los sedantes recetados por el médico para calmarlo no hacen efecto debido al burullo y emoción iniciales del viaje.

No planee en tener paz y tranquilidad. Saque el mejor provecho, mantenga el niño refrenado y lo más contento posible, concentrándose en el hecho de que ya pronto llegan a su destino.

Una vez hayan llegado a su destino, recuerde que el sitio es desconocido y lleno de gente extraña para el pequeño. Los niños se vuelven gruñones, se aferran a usted y enloquecen a todo el mundo. Sea paciente y comprensivo. Deje que se familiaricen lentamente con la gente y su nuevo entorno.

Haga planes para visitar sitios emocionantes para el niño como los parques locales, el zoológico y por supuesto, las tiendas de juguetes son una maravilla.

Estos viajes son experiencias culturales muy buenas y necesarias para la formación de los niños. Les enseña que usted ha tenido en cuenta sus intereses y que el viaje no es sólo para usted sino para ellos también.

Guardería infantíl

Si ambos padres tienen que trabajar y no hay un pariente cercano disponible para cuidarlo, la solución puede ser la guardería infantíl.

Investigue en su vecindad qué facilidades hay disponibles y visite personalmente el lugar donde esté considerando dejar a su hijo.

Debe averiguar lo siguiente:

- Está al día la licencia de operación?

- Cuántos niños hay generalmente?

- Quiénes son y cuántas personas hay al cuidado de los niños?

- De qué edades son los otros niños, además de su hijo?

- La sección de niños está limpia y ordenada?

- Cuál es la póliza de la guardería si un niño se encuentra enfermo?

- Alimentan y cambian a su niño cada vez que sea necesario?

- Cuál es la póliza si su hijo se enferma?

- Cuál es la póliza si usted tarda ocasionalmente en recoger a su hijo?

- Comparte usted con el personal de la guardería la misma filosofía sobre el cuidado de los niños?

- Se encuentra la guardería cerca de su domicilio y encuentra el costo razonable?

Debe esperar lo siguiente:
- En la guardería, su hijo va a tener una rutina distinta a la del hogar. Esto no le hará daño al niño.

- En la guardería, su hijo va a estar con otros niños y, por consiguiente, expuesto a nuevos virus y nuevas bacterias. Aumentará el número de resfriados, toses, infecciones de oído y episodios de diarrea. Recuerde que, al pasar por esto, su niño desarrolla inmunidad. Más adelante en la niñez, se le presentarán menos infecciones.

El Mejor Consejo:

La guardería es una necesidad. Nadie va a cuidar a su niño mejor que usted. Usted está buscando un sitio de cuidado infantil básico y tener tranquilidad de conciencia mientras trabaja. La guardería puede ser una buena experiencia tanto para el niño como para los padres.

Celos con un nuevo hermanito/a

Cuando llega un nuevo bebé los otros niños sienten celos. Aún los más pequeños pueden presentir que algo está pasando. Los celos son instintivos y siempre van a ocurrir.

Sus hijos se van a sentir igual a como mamá se sentiría si papá trajiera una novia a casa.

Mamá hasta puede mudarse para otro sitio pero los pequeños no pueden hacer eso.

Los niños saben que cuando usted tiene algo nuevo, con frecuencia "tira lo viejo."

Por lo general los niños tratan de contener los sentimientos de rabia y celos que están sintiendo. Tratan de portarse bien para que usted no los "tire." Pueden presentar comportamientos nuevos.

Por ejemplo:

- Ataques directos hacia el bebé, físicos o verbales.

- Excesiva preocupación o afecto por el bebé.

- Cambio en los hábitos de dormir, comer, ir al baño, o incremento de comportamiento ofensivo y grosero para llamar la atención.

Es recomendable incluir a sus otros niños en el desarrollo del embarazo desde el comienzo.

- Haga que sus hijos se sientan queridos y necesarios dejándolos participar en el cuidado del bebé; alábelos y prémielos cuando hagan un buen trabajo.

- Trate de pasar más tiempo con los niños mayores cuando el bebé esté dormido.

- Asegurese de que las visitas nó solo alaben al bebé sino a los niños mayores también.

El Mejor Consejo:

Tenga paciencia. Lentamente los mayores se acostumbran al recién nacido; ayúdelos permitiéndoles que el bebé sea de todos.

Sueños, pesadillas y terrores nocturnos

Los sueños son comunes en los bebés, infantes y niños mayores. Con frecuencia se revuelcan, se agitan, gimen y hacen ruidos durante el sueño a medida que se reviven los acontecimientos del día.

A los cuatro años puede ocurrirles verdaderas pesadillas. El niño se asusta, grita durante el sueño en verdadero pánico y se pone inconsolable. A menudo camina sonámbulo. Con un esfuerzo mínimo el niño se despierta, puede que recuerde o nó el sueño, y cuando se calme del todo vuelve a dormirse sin ningún problema. Un suceso esporádico como éste no es tan serio y no justifica una visita al médico.

Los terrores nocturnos son distintos a las pesadillas. El niño se encuentra profundamente dormido pero parece y actúa como si estuviera despierto y desorientado. Puede tener los ojos bien abiertos, no reconoce a los padres y puede que hasta grite, hable, camine o corra. Esto es verdaderamente alarmante para los padres.

No existe ningún tratamiento; el niño debe ser despertado para poner fín al terror nocturno. Lo mejor es llevarlo al baño (bien iluminado) y lavarle la cara con agua fría. Generalmente el niño se despierta despues de unos minutos, molesta un rato y se vuelve a dormir. Por lo general no recuerda nada de lo acontecido.

Ni los terrores nocturnos ni las pesadillas hacen daño. Sin embargo, si ocurren con mucha frecuencia, interrumpen la paz del hogar; consulte con su médico para ver si hay la necesidad de usar un tratamiento corto con medicamento para poner fín a este problema.

Control de envenenamiento

Alrededor de los nueve meses su niño es muy activo y usted debe acondicionar su casa a prueba de productos venenosos.

Esto incluye:

• Mantener los teléfonos de su médico y del centro de envenenamiento local en un sitio donde usted o sus niñeras los encuentren inmediatamente.

• Instalar chapas de seguridad en todos los closets y armarios que contengan materiales de limpieza y demás implementos caseros.

• Guardar las medicinas en un lugar seguro, preferiblemente bajo llave. Los infantes pueden trepar, así que poner las medicinas en un lugar alto no es necesariamente la solución.

• Los padres, abuelos o las visitas no deben dejar nunca sus carteras donde el infante las pueda agarrar.

• Nunca envase un producto venenoso en botellas de refresco o recipientes que normalmente contienen alimentos.

- Compre una botellita de una onza de jarabe de Ipecac y manténgala disponible en su casa. Si su hijo se toma o se come algún veneno, esta medicina le produce vómito. Nunca use el jarabe de Ipecac sin antes consultar con su médico o el centro para control de envenenamiento local.

El Mejor Consejo:
La prevención contra el envenenamiento requiere vigilancia y trabajo contínuo. La prevención es mejor que la cura.

Exposición al plomo

La exposición al plomo se ha convertido en un importante tema de discusión en el medio ambiente relacionado con la salud. No hay duda de que el plomo es peligroso en grandes cantidades pero no hay un consenso en cuanto a qué tan peligrosos pueden ser los niveles de plomo en diminutas cantidades. Sin embargo, informes recientes indican que hasta los más bajos niveles de plomo en la sangre pueden ser perjudiciales para los cerebros de los niños en crecimiento.

Las fuentes potenciales de plomo son:
- Pintura a base de plomo. Cualquier casa construída antes de 1980 es una posible fuente de pintura a base de plomo.

- Polvo y/o tierra contaminados por pintura o gasolina que contienen plomo.

- Algunos remedios populares de países del tercer mundo que se usan para la dentición pueden contener plomo. No use ningún medicamento para la dentición que haya sido producido en un país extranjero.

- Alimentos enlatados (generalmente importados) en latas soldadas con plomo.

- Platos decorados u ollas echas a mano. No use estas ollas para preparar, cocinar o guardar alimentos o bebidas.

- Los padres que trabajan en sitios expuestos al plomo pueden traerlo a casa en sus ropas.

Los niños que están más expuestos a este riesgo son los pequeños que viven en casas viejas, porque pueden "ruñir" la pintura de los muebles o bordes de las ventanas; también en niños que pasan por una etapa prolongada de comer tierra de la calle, o del patio de atrás (como nota interesante, a este comportamiento se le llama pica, la palabra latina para Urraca, un pájaro que come absolutamente de todo); y en los niños cuyos padres trabajan en un medio ambiente contaminado.

Es importante prevenir la exposición al plomo en todos los niños.

Para evitarlo puede hacer lo siguiente:

- Revise si hay potencial para exposición de plomo en el medio ambiente de su niño y, si lo encuentra, tome las medidas necesarias para eliminarlo.

- Si usted no está seguro si su niño ha sido expuesto al plomo, hable con su médico para desarrollar una historia médica y determinar la posibilidad de exposición.

- Es aconsejable hacer pruebas de laboratorio a niños que por historia médica han podido estar en riesgo de contaminación.

El Mejor Consejo:

Usted va a oir muchos comentarios acerca del plomo, ya sea por sus amigos, vecinos o el periódico. Es importante hacer pruebas selectivas en niños con riesgo de haber sido expuestos, aunque no creo necesaria la prueba de plomo universal, es decir en todos los niños.

Si tiene dudas consulte con su médico.

Once

Disciplina

El niño a quien NO se le enseña desde pequeño que hay límites de comportamiento que son o nó aceptables, se convierte en un joven desdichado y desagradable, con mucha posibilidad de llegar a ser una persona frustrada, amargada y hasta criminal de adulto.

Todos los niños se portan mal ocasionalmente. Como padres que somos, tenemos el deber de corregir el comportamiento inaceptable para que no vuelva a suceder.

A los nueve meses ya deben los padres tener un patrón constante de desaprobación por mal comportamiento. Comience con reglas sencillas: Quedarse sentado en el asiento especial para el carro, no morder o pegar a nadie, irse a la cama. Haga cumplir estas reglas y no las negocie con su niño. Permita que llore si quiere pero no le tolere berrinches.

Sea persistente y no se sienta culpable. Ocasionalmente un "No" hace bien; su niño le seguirá queriendo. Usted no quiere un hijo malcriado e indisciplinado que también es desagradable y manipulador.

El Mejor Consejo:

Usted no puede manejar la casa de una manera democrática. Manéjela como si fuera un dictador gentil. Esto ayuda a que haya felicidad y paz en su hogar y hace que su niño se sienta querido y seguro.

Castigos

Los castigos (junto con los consejos verbales y el buen ejemplo) son las armas que tenemos para enseñarle al niño a diferenciar lo que está bien hecho de lo que está mal hecho. El niño aprende por experiencia propia que el mal comportamiento tiene como consecuencia algo desagradable para él. Para evitar esta consecuencia, esperamos que el niño deje de tener comportamientos inaceptables.

Para ser efectivo, el castigo debe tener dos características. Debe ser inmediato, (especialmente en niños pequeños) y debe ser desagradable para el niño.

El castigo también debe ser consistente a la larga. No castigue cierto comportamiento para luego permitirlo bajo las mismas circumstancias. Esto simplemente confunde al niño y, en muchos instantes, es peor que si no lo castigara porque así el niño continúa probando hasta dónde puede llegar y hasta qué punto es permisible.

El castigo que es aceptable y adecuado a una edad puede no ser apropiado o aceptable a otra edad. En niños pequeños hay básicamente dos tipos de castigos.

- Castigo corporal: Esto incluye nalgadas y palmadas ligeras. Esto sorprende al niño, hace que le ponga atención y a la vez duele un poco, cosa que no le va a gustar.

- Aislamiento: Esto consiste en aislar al niño por un rato y dejar de darle atención (en forma de cariño). El niño no puede salir de su cuarto, tiene que quedarse parado en el rincón o alguna otra manera de restricción por un rato.

Hay mucha controversia sobre cuál es la mejor manera de castigar a su hijo. Algunos creen que la más mínima nalgada es abuso infantil, que enseña al niño a resolver los problemas con violencia y que es una violación a los derechos del niño. Sin embargo, La Academia Americana de Pediatría, la principal defensora de niños en América, cree ahora que unas cuantas nalgadas pueden ser apropiadas para cambiar un mal comportamiento. Sobra decir claro está, que ningún niño debe ser golpeado.

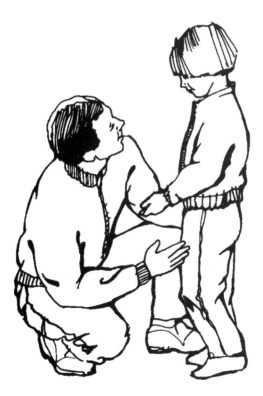

Qué deben hacer los padres? A continuación aqui estan unas sugerencias:

- Cualquier forma de castigo es inapropiado en niños menores de nueve meses de edad. El niño no es lo suficientemente mayor para entender y aprender. Símplemente distráigalo y retírelo de lo que estaba haciendo.

- Después de los nueve meses, el levantar la voz, desaprovar, y regañar al niño es suficiente por algún tiempo.

- A los 15 meses un "no" firme y quizás una nalgada por encima del pañal o una palmadita en los dedos de la mano le asustará, le hará ver que usted no está de acuerdo con lo que está haciendo y tendrá el efecto deseado.

- De los tres a los cinco años el aislamiento puede ser productivo. Una palmada ocasional en el sentadero da resultado y puede ser más efectiva. A esta edad ya puede usted racionar con su niño. Explíquele por qué dicho comportamiento es inaceptable.

- De los sies años a la adolescencia pueden ser los tiempos más difíciles. Si ustedes han sido amorosos pero a la vez firmes en la disciplina en los primeros años, entonces estos años tan críticos no les serán tan difíciles. El aislamiento, (y en niños pequeños una que otra nalgada) es lo indicado. Con frecuencia el quitar privilegios es bastante efectivo. Continúe explicándole al niño por qué se considera inapropiado su comportamiento. Asegúrese de ser consistente.

• En los años de la adolescencia, el arma más poderosa para controlar el comportamiento debe ser por medio del razonamiento. Reenfórcelo sin embargo con reglas firmes que cuando se violan dan como resultado la pérdida de privilegios. Por lo general da resultado limitarles el uso del teléfono o del carro como también no dejarlos salir de la casa por un período de tiempo. El adolescente que tiene que obedecer reglas firmes y que sabe que el castigo es consistente y justo en caso de cometer una infracción, es un adolescente más feliz y seguro de sí mismo que los que no han tenido reglas que obedecer.

Si encuentra que le está costando trabajo disciplinar a su hijo, pregunte a su médico o al administrador de la escuela si ofrecen clases adultas sobre consejería familiar, si hay grupos comunitarios o cualquier otra entidad local dispuestos a dar asistencia a los padres de familia en esta ardua e importante responsabilidad.

El Mejor Consejo:

Los castigos deben ser inmediatos, consistentes, justos, sensatos y prudentes.

Doce

Problemas de Salud en Niños Pequeños

Roséola infantil

Roséola (infección viral) es causa común de fiebre en los primeros dos años de vida. Rara vez se presenta antes de los tres meses de edad y por lo general no ocurre después de los cuatro años.

Esta enfermedad es causada por el virus herpes 6 (HHV6), virus bastante común. El bebé presenta de repente fiebre muy alta (103° - 105° F) con pocos o algún otro síntoma.

Después de tres a siete días la fiebre empieza a bajar y aparece una erupción de puntos rojos que puede durar unas cuantas horas o unos días. A medida que aparece la erupción, la fiebre desaparece y el niño se siente muy molesto por un par de días. No puede diagnosticarse esta enfermedad hasta no ver brotar la erupción. El tratamiento consiste en controlar la fiebre con Tylenol (acetaminophen) o Advil o Motrin (ibuprofen) en líquido que se consiguen en la farmacia.

La roséola puede presentar convulsiones debido a la fiebre. Estas convulsiones son alarmantes pero no hacen daño a su niño.

(Ver también Convulsiones por Fiebre, pág. 89).

El Mejor Consejo:

Siempre llame al médico cuando su niño tiene fiebre alta.

Atoramiento

A los niños se les atoran objetos en la garganta fácilmente. Las muertes por atoramiento son más comunes en niños de cinco años de edad o menos y la mitad de ellas ocurren en infantes de dos años. Entre las causas más comunes está el atoramiento con alimentos de forma redonda como las uvas, trozos de salchicha o dulces duros. Pueden también ser peligrosos los objetos que el niño encuentra a su alcance como pequeños juguetes de goma, globos, aretes y muchas otras cosas pequeñas.

Cada uno de estos objetos, da paso hacia los pulmones, bloquean los conductos respiratorios causando la muerte si no se sacan a tiempo. Si su niño se traga algo y está respirando, tosiendo o hablando, no haga nada. Hay la posibilidad de que el niño devuelva el objeto tragado al toser. Si el niño no puede hacer ruidos, respirar y se está poniendo azul, necesita ayuda de urgencia. No trate de sacerle algo de la boca que no se alcance a ver. Levántele la mandíbula inferior y la lengua, permitiendo así la entrada del aire más facilmente. Llame al 911 y pida ayuda.

Un tratamiento específico para el atoramiento llamado la maniobra de Heimlich puede ayudar a salvar vidas. Llame a La Cruz Roja, a la Asosiación Americana del Corazón o algún hospital de niños en su localidad para averiguar si ofrecen clases sobre cómo ejecutar esta maniobra.

El Mejor Consejo:

La prevención es lo mejor. Mucho cuidado con los alimentos que ofrece a su bebé y los juguetes con que el niño juega.

Crup (difteria laríngea)

Esta es una infección viral muy común en los meses de primavera e invierno.

La enfermedad de Crup se presenta en niños entre el primero y tercer años de edad. Comienza con un leve resfriado, despertando al niño en la noche con una tos parecida a un ladrillo o aullido de foca. Con frecuencia presenta dificultad al respirar hacia adentro. (En el asma, la dificultad está en la respiración hacia afuera).

El vapor ayuda un poco: Si usted no tiene un humidificador o un vaporizador, prenda la regadera y déjela correr con agua caliente para crear suficiente vapor que el niño pueda inhalar por un rato. También ayuda mucho una buena medicina expectorante. Si acaso hay fiebre, es baja (101°- 102° F). La mayoría de los niños mejoran al amanecer para luego volver a enfermarse la noche siguiente.

Un medicamento esteroide (parecido a cortisone) con receta médica por vía oral, da mejoría a las pocas horas de haberlo administrado; por lo tanto hay que darlo temprano en el día para que trabaje en la noche. Si la dificultad para respirar es severa, puede ser necesario un tratamiento de inhalación en un centro de urgencias y aún puede ser necesaria la hospitalización. (Ver también Epiglotitis, pág. 89; y Asma, pág. 128).

Infecciones al oído (otitis media)

Usted puede preguntarse: Por qué le dan a mi hijo tantas infecciones a los oídos, (y por qué mi médico no puede hacer algo para prevenirlas)?

Más del 75 porciento de todos los niños tienen por lo menos una infección al oído antes de cumplir los tres años de edad. La mayoría de ellos tienen muchas infecciones a los oídos en los dos primeros años de la vida.

Lo que sabemos acerca de esta molestia:

- Edad: Los niños que padecen de infección al oído en su primer año de edad, por lo general padecerán de muchas más en los próximos dos años.

- Medio ambiente: El humo del cigarrillo dentro de la casa irrita las membranas de la nariz y la garganta. Esto hace que los niños sean más susceptibles a las infecciones de las vías respiratorias (resfriados) y, por lo tanto, a infecciones del oído.

- Alimentación de pecho: transmite inmunidad la cual ayuda a proteger al bebé.

- Alimentación con biberón: Si el niño toma el biberón estando acostado, hay más probabilidades de que las secreciones infectadas lleguen a los oídos por medio de los tubos de Eustaquio, los cuales conectan el oído medio con la parte trasera de la garganta.

- Guardería infantil: El niño está expuesto a más infecciones de las vías respiratorias por causa de virus y bacteria, aumentando el número de infecciones al oído.

Los virus del sistema respiratorio alteran al mecanismo de las defensas del cuerpo facilitando el crecimiento de la bacteria. (La bacteria parece estar involucrada en un 75 porciento de todos los casos de infección a los oídos).

Puede tratar el dolor con Tylenol (acetaminophen) o cualquier medicina similar o con una combinación de antibióticos y Tylenol. Recueste al niño con la cabeza y pecho semi levantados, con una inclinación de veinte a treinta grados. Ponga unas cuantas gotas de aceite mineral tibio en el oído infectado cada ciertas horas. Para limpiar la nariz, ponga unas pocas gotas de agua salada en cada fosa nasal (1/4 cucharadita de sal en 1 taza de agua).

Los antibióticos por lo general ayudan pero, aún sin ellos, el dolor de oído desaparece y el oído sana por sí mismo la mayoría de las veces. Uno de los medicamentos más recomendados y de menos costo es el antibiótico Amoxicillin; hay muchos otros que se pueden usar también. Por lo general, cuando el tratamiento con antibiótico falla, se debe a alguna infección viral (los virus no son afectados por el antibiótico) presente al mismo tiempo en el oído medio.

La reocurrencia es común después de terminar el tratamiento con antibiótico. El ochenta porciento de las reocurrencias se deben a una nueva infección del oído y no por falla del antibiótico administrado. En el noventa y cinco porciento de todos los casos de otitis media, la bacteria desaparece a los cinco días de comenzar tratamiento con antibióticos.

Después de una infección, el oído medio permanecerá con líquido de dos a dieciseis o más semanas.

Esto puede reducir la audición de su niño temporalmente pero no es causa de alarma. Sólamente si el líquido persiste por seis meses o más o si la pérdida de audición en el niño se ve incrementada, entonces sí hay porqué preocuparse.

Los antibióticos profilácticos (dosis baja) son efectivos cuando se administran diariamente por varios meses para prevenir la reocurrencia de las infecciones al oído. Su médico debe ensayar este tratamiento antes de considerar la timpanostomía (implante de tubos insertados quirúrgicamente dentro del oído medio para facilitar el drenaje).

El Mejor Consejo:

Las infecciones a los oídos son comunes y probablemente inevitables. El tratamiento con antibióticos simples y Tylenol da alivio rápido y cura la mayoría de ellas. La timpanostomía (drenaje del oído) por medio de tubos debe hacerse como último recurso.

Epiglotitis

La epiglotitis comienza presentando síntomas parecidos a la enfermedad de crup, pero el niño rápidamente se comienza a sentir mal. Presenta fiebre alta (103° - 104° F), babea y tiene mucho dolor de garganta. La tos le sale amortiguada, el niño tiene mucha dificultad para inhalar y se sienta derecho con la cabeza hacia adelante para tratar de coger más aire.

Esta es una enfermedad de vida o muerte. Llame a su médico inmediatamente.

(Ver también Crup, pág. 85; y Asma, pág. 128).

Convulsiones por fiebre

Las convulsiones por fiebre son comunes en los niños de seis meses a tres años de edad. Ocurren con mayor frecuencia de los seis a los dieciocho meses y muy rara vez después de los cuatro años de edad.

Esta condición asusta mucho a los padres y al no saber qué hacer, se sienten confundidos.

Las convulsiones por fiebre son cortas y se quitan por sí solas. No causan daño al cerebro y no causan la muerte. Las convulsiones por fiebre no causan epilepsia más tarde en la vida del niño.

Seis de cada cien niños tienen una o más convulsiones por fiebre; son causadas por fiebre alta de una simple enfermedad viral. Las convulsiones se producen al subir la fiebre rápidamente. La forma más eficiente para evitar la convulsión por fiebre es mantener baja la fiebre de su niño.

Tómele la temperatura cada tres horas para saber en cuánto la tiene. Dele Tylenol (acetaminophen) o productos similares como Advil o Motrin (ibuprofen) tantas veces sea necesario cuando su niño tenga fiebre alta.

Si su niño tiene convulsión por fiebre, acuéstelo de lado. De esta forma el niño puede escupir cualquier mucosidad que tenga en la boca en vez de ser inhalada a los pulmones.

Llame a su médico, de aquí a que llegue al consultorio con su niño, posiblemente la convulsión ya le habrá pasado. Siga las instrucciones de su médico sobre lo que debe hacer.

Mitos o creencias comunes

- Que el niño puede morir durante una convulsión por fiebre. Esto no es cierto. Las convulsiones por fiebre son inofensivas.

- El niño queda con daño el cerebro debido a la convulsión. Esto no es verdad. Las convulsiones por fiebre no causan daño al cerebro.

- Que el niño desarrolla epilepsia más tarde en la vida. Esto no es cierto. Las convulsiones por fiebre no causan epilepsia. Sin embargo, los niños que más adelante presentan epilepsia, pueden también tener convulsiones por fiebre.

(Ver también Fiebre, pág. 142).

El Mejor Consejo:

Si su niño presenta fiebre, trate de que no le suba más de los 102° F. Si llega a ocurrir una convulsión, mantenga la calma, no tenga pánico. Llame a su médico. Su pequeño estará bién. Si su niño se ve enfermo, no importa cuál sea la temperatura, llame al médico.

Piojos

Las infecciones al cuero cabelludo por infestación de piojos son comunes durante los años escolares y pre-escolares. Los niños son muy amigables y les gusta prestarse los sombreros, peinetas, cintas de pelo y ropa con los amigos. Para prevenir los piojos, enseñe a su niño a no prestar o usar bufandas, toallas, cepillos, gorras, peinetas o cintas para el pelo de ninguna otra persona.

Si el cuero cabelludo de su niño está seco y siente comezón búsquele piojos y liendres (huevos de piojo). Los encuentra detrás de las orejas, en la corona y en el borde de la nuca.

Cuidadosamente revise la raíz de cada pelo. Los piojos son animales diminutos de color café con muchas patas y puede ser que caminen. Con frecuencia se prenden de la raíz del pelo. Las liendres o huevos son blancos, parecidos a la caspa pero no se desprenden cuando usted trata de arrancarlos.

Usted puede comprar sin receta médica varios tipos de champús medicados. El champú Nix sin receta médica es el mejor entre los de este grupo. Lave en casa o mande a lavar en seco toda la ropa, incluyendo la ropa de cama. Los objetos que no se pueden lavar como los animales de peluche, métalos herméticamente dentro de bolsas plásticas por un período de diez días, o métalos en la secadora a temperatura caliente por un ciclo completo. Nix sin receta médica es el mejor entre los de este grupo. Lave en casa o mande a lavar en seco toda la ropa, incluyendo la ropa de cama. Los objetos que no se pueden lavar como los animales de peluche, métalos herméticamente dentro de bolsas plásticas por un período de diez días, o métalos en la secadora a temperatura caliente por un ciclo completo.

El Mejor Consejo:

Muchos niños padecen de piojos. No se averguence, no quiere decir que usted tiene la casa sucia. Simplemente deshágase de ellos.

Impétigo

Impétigo es una infección superficial a la piel muy común tanto en niños grandes como en pequeños. Casi siempre es causada por estreptococo hemolítico (la misma bacteria que causa estreptococo a la garganta) o por estafilococos, bacteria que comúnmente vive en la piel y en la nariz.

Impétigo puede ocurrir en cualquier sitio donde la piel esté abierta (lesión o picadura de insecto), pero típicamente comienza en la cara alrededor de la nariz, labio superior y boca. Se forman puntitos rojos que rápidamente se convierten en pequeñas ampollas. Las ampollas se revientan dejando una costra delgada de color miel; varias de estas juntas llegan a formar un área de costra bastante grande. Impétigo es una enfermedad muy contagiosa que puede contagiarse a cualquier parte del cuerpo que el niño se toque y contagiar tanto a otros niños como también a los adultos.

El tratamiento consiste en administrar antibióticos orales con receta médica y con pomadas antibióticas sin receta médica (Neosporin, Polysporin) aplicada sobre el área afectada una vez se haya remojado la costra. La pomada Bactroban (mupirocin) con receta médica, aplicada en la costra tres o cuatro veces al día, trabaja tan bién como el medicamento oral y su médico puede ver la necesidad de recetarla.

El Mejor Consejo:

Impétigo es una infección a la piel y no es causada por suciedad. Es muy contagiosa así que asegúrese que todos se laven las manos muy bién. Llame a su médico para que le recete antibiótico oral o aplicación de antibiótico localmente. Este tratamiento cura al niño rápidamente.

Mononucleosis infecciosa

Esta es una infección viral llamada algunas veces la "enfermedad del beso" o simplemente "mono." Es muy común en niños de todas las edades. Es ligeramente contagiosa, se transmite por contacto directo, no necesariamente por medio del beso.

Practique la higiene básica (lávese las manos y evite los besos en la boca). No es necesario preocuparse demasiado por proteger de contagio al resto de la familia. La mono no es tán contagiosa. Las probabilidades de contagio en la familia son bastante bajas.

La mono comienza con dolor de garganta e hinchazón en las glándulas del cuello. Eventualmente también se hinchan las glándulas de las axilas y de las ingles. Después de unos días, la garganta se recubre con una capa de pus blanca. Los niños mayores, especialmente los adolescentes, se sienten muy cansados y quieren dormir todo el tiempo.

Muchos adolescentes se incapacitan completamente con esta enfermedad. Al principio es difícil diferenciar la mono del dolor de garganta por estreptococo. Cualquier dolor de garganta que no mejora, especialmente cuando se han administrado antibióticos, es mono hasta que se compruebe lo contrario. El conteo sanguíneo y la prueba para detectar la mono (esta prueba sale positiva después de varios días si la enfermedad está presente) ayudan a confirmar el diagnóstico.

Si su niño padece de mono, el único tratamiento que hay para este padecimiento es el descanso, una buena dieta alimenticia y multivitaminas diarias. Por lo general tarda dos semanas para que el niño se sienta mejor y luego dos a tres semanas más para curarse completamente. Como la prueba de mono permanece positiva por mucho tiempo, no es indicativa de cuando en sí terminó la enfermedad. Si el niño está mejor, puede regresar a sus actividades normales después de cuatro a cinco semanas.

El Mejor Consejo:

No le dé pánico si su niño tiene mononucleosis. Con esta enfermedad, el descanso es indispensable para sentirse mejor y recuperarse completamente.

Oxiuros (gusanos pequeños)

Los oxiuros son muy comunes en niños pequeños. Viven en la parte inferior del intestino grande y no consumen alimentos o que son necesarios para su niño.

Los oxiuros no hacen que los niños rechinen los dientes, no causan convulsiones o cualquier otro tipo de enfermedad.

En la oscuridad de la noche, la hembra sale del recto del niño a poner los huevos. Esto produce comezón, haciendo que el niño se rasque. Los huevos se pegan a las manos y a los dedos del niño, regándolos al otro día por toda la casa. Todo lo que toque el niño estará cubierto con huevos de oxiuros. Si el niño no se lava las manos antes de tocarse la boca, se traga los huevos que luego nacen en el intestino causando más oxiuros.

Este ciclo sigue repitiéndose. Si usted tiene un niño pequeño infectado, su casa, el pre-escolar y todas las casas de sus amigos estarán cubiertas con huevos de oxiuros esperando llegar a la boca de alguno para que, al ser tragados, seguir el ciclo de nacimiento en los intestinos.

Los oxiuros causan únicamente tres problemas:

- Si en la noche le salen al niño demasiados oxiuros por el recto, la comezón es tanta que pueden irritar al niño, continuando la comezón e incomodidad también durante todo el día.

• La madre o el padre del niño notan los oxiuros al cambiarle al niño el pañal y sienten pánico. Los oxiuros parecen pedacitos de hilo blanco. Los gusanos pueden aparecer en la materia fecal o alrededor del recto. Esto asusta mucho a los padres.

• Algunas veces en niñas pequeñas, el oxiuro se equivoca de ruta tratando de introducirse nuevamente en el recto y lo hace por la vagina, causando ardor y comezón. La niña se despierta a gritos, inconsolable. Cómo tratar esto: Sumerja a la niña en una bañera con agua tibia y déjela allí por un rato hasta que el gusano se ahogue y ella sienta alivio. Apenas el gusano deja de moverse, el ardor y la comezón cesan inmediatamente.

Si usted cree que su niño padece de oxiuros, espere a las once de la noche y con una linterna examine el recto del niño. Los verá como hebras de hilo retorciéndose; si los encuentra en su niño, no sienta pánico.

Hay un medicamento con receta médica muy efectivo llamado (Vermox). Se toma una vez y se repite una semana después. Esto no lo cura sino que reduce el número de gusanos, por lo tanto, mejorando los síntomas.

No merece la pena dar tratamiento a los miembros de familia que no presentan síntomas. A medida que su entorno va llenándose de huevos de oxiuro, todos inmediatamente vuelven a infectarse.

A medida que los niños van creciendo, los oxiuros van desapareciendo. Eventualmente los niños dejan de meterse las cosas a la boca y también aprenden a lavarse las manos con más frecuencia.

El Mejor Consejo:

Si usted cree que su niño tiene oxiuros, llame a su médico; a pesar de todo, los oxiuros son inofensivos.

Sarna

La sarna son pequeños ácaros (bichos parecidos a insectos) que se meten dentro de la piel causando un sarpullido que produce intensa comezón. Su hijo se contagia de sarna por medio del contacto directo con otra persona infectada. Con frecuencia se encuentran casos de sarna en varias personas de la misma familia.

El ácaro se anida dentro de la piel haciendo

un pequeño túnel donde vive. La entrada inicial es generalmente por las manos y los piés. El túnel es una línea roja en forma de S. El ácaro deposita huevos, nacen más ácaros que a la vez hacen más túneles, aumentando la infestación.

La comezón se siente aproximadamente un mes después de ser infectado, cuando el niño comienza a sensibilizarse contra los ácaros. La comezón es peor en la noche y al rascarla, empeora el sarpullido. Con frecuencia cae infección en la piel rascada, lo cual cambia también la aparencia del sarpullido. Pronto el niño va a tener un sarpullido con comezón por todo el cuerpo que a simple vista no es facil de identificar inmediatamente.

El diagnóstico puede hacerse abriendo uno de los túneles y sacando el ácaro, o identificando bajo el microscopio sus desechos fecales. Con frecuencia el médico sospecha que el sarpullido es causado por sarna y lo trata con medicamento; el mejor de ellos es el medicamento Elimite con receta médica. Se aplica sobre la piel y acaba con los ácaros.

A medida que los ácaros se mueren dentro de sus túnules, la reacción alérgica contra estos cuerpos muertos empeora y con frecuencia incrementa el sarpullido y la comezón por varias semanas. Esto no quiere decir que se hizo un diagnóstico errado o que el tratamiento no obró. El ácaro muerto tiene que ser absorbido por el cuerpo antes de que el niño llegue a sentirse mejor.

Durante este tiempo tan molesto, ayuda mucho una crema de cortisone suave. El resto de la familia también debe ser tratada al mismo tiempo. Probablemente estén infectados aunque aún no sientan comezón. De no hacerlo, el contagio de sarna comenzará nuevamente.

El Mejor Consejo:

La sarna se contagia de persona infectada a otras personas y no es causada por tener la casa sucia. Si su niño tiene sarpullido con picazón que aumenta en la noche y especialmente si hay otros miembros de familia con estos mismos síntomas, piense que puede ser sarna.

Codo de supermercado (subluxación radial)

La safadura de codo es muy común en los bebés y en los niños pequeños. Cualquier jalón duro del brazo puede safar (subluxar) la cabeza radial. (La cabeza radial es la parte superior del hueso radio, uno de los huesos del antebrazo el cual está sostenido del codo únicamente por un cabestrillo fibroso. Típicamente, el niño se detiene a mirar algo interesante en una tienda. El adulto

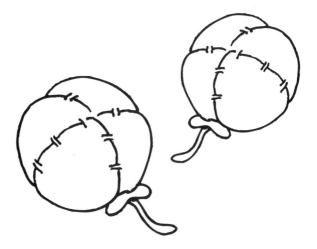

le llama diciéndole, "ven, ya nos vamos" y jala al niño del brazo. A veces también sucede cuando, por juego, el adulto levanta al niño por uno o ambos brazos y le da vueltas en el aire. Algunas veces el niño cae sobre su brazo; inmediatamente siente dolor y el niño no puede usar el antebrazo, quedándosele descolgado.

Es fácil volver a introducir la cabeza radial en su sitio, no es necesario tomar rayos-X y tampoco tiene que hacerlo inmediatamente. Cuando se coloca nuevamente en su sitio ya no hay dolor y el niño puede nuevamente usar el brazo. Llame a su médico y pregúntele qué debe hacer. Una vez que ocurre subluxación del brazo, hay más probabilidades de que suceda nuevamente aún con jalón de brazo menos fuerte. Si esto ocurre con frecuencia, pídale a su médico que le enseñe cómo ponerlo nuevamente en su lugar.

El Mejor Consejo:

No levante a su niño por los brazos y cuídese de no jalarle los brazos fuertemente.

Amigdalitis (dolor de garganta, estreptococo a la garganta)

La amigdalitis es común en los niños, ocurre durante todo el año pero es aún más común en el otoño y el invierno. La mayoría de los dolores de garganta son causados por virus y mejoran con medicamentos para el dolor como Tylenol (acetaminophen) y en niños mayores es recomendable hacer gárgaras con agua caliente (no es necesario agregar sal) varias veces al día. Los antibióticos no ayudan, por lo tanto no se deben administrar.

Las infecciones a la garganta por estreptococo o estrep, es la única infección a la garganta que requiere antibiótico. La administración de penicillin o amoxicillin por diez días es el tratamiento de preferencia.

La infección por estrep a la garganta es poco común en niños de menos de tres años y por lo general no vienen acompañadas de tos o nariz moqueando. Con frecuencia presenta fiebre, dolor de garganta fuerte, dolor de cabeza, dolor abdominal y algunas veces vómito. La garganta y las amígdalas se ponen rojas y pueden aparecer pequeños puntos rojos en el paladar (techo de la boca) y con frecuencia pus amarilla en las amígdalas.

Las glándulas linfáticas a cada lado del cuello se hinchan y se sienten adoloridas. Algunos gérmenes de estreptococo producen una toxina que causa una erupción roja en la piel. Esta erupción no afecta la cara pero sí el tronco del cuerpo principalmente en las áreas de más calor como las axilas y las ingles. La erupción se siente áspera como papel de lija. Si hay erupción presente, se llama fiebre escarlata o escarlatina (si la fiebre es baja únicamente).

Puede hacerse en el consultorio del médico una "prueba rápida" para detectar estreptococo en la garganta del niño.

Es importante tratar el estreptococo a la garganta con antibiótico por diez días consecutivos para prevenir una complicación llamada fiebre reumática, (que afortunadamente es bastante rara hoy en día) pero que ocurre algunas veces cuando no se trata al estreptococo de garganta.

Algunos niños y (adultos) no responden al medicamento. Estas personas son "portadoras de estreptococo." Tienen en su garganta gérmenes vivos de estreptococo sin que les cause enfermedad. Si a este portador de estrep le llegara a dar dolor de garganta por virus y se le hiciera la prueba de estrep, resultaría positiva aunque la causa de la enfermedad fuera por virus. Estas personas no mejoran con tratamiento.

El Mejor Consejo:

Si su niño tiene dolor de garganta con resfriado y tos, posiblemente es causado por un virus y los antibióticos no le van a trabajar. Los dolores de garganta que presentan fiebre, glándulas hinchadas, erupción en la piel o demasiado cansancio deben ser revisados por el médico. Asegúrase de que su niño siempre termine todo el medicamento recetado por el médico, aunque se sienta ya mejor a los pocos días de haberlo comenzado. Casi nunca es necesario hacer extracción de las amigdalas (amigdalectomía).

Trece

Enseñando Sobre los Pájaros y las Abejas Sobre la Cigüeña

Para la mayoría de los padres/madres es dificil hablar sobre el sexo. Siempre diga la verdad. Si usted no dice la verdad, su hijo no va a confiar en usted más adelante.

Comience la educación sexual a temprana edad.

No entre en muchos detalles al hablar con niños pequeños; una o dos frases sencillas serán suficientes para contestar sus preguntas.

Use las oportunidades a su alrededor. La educación sexual es un proceso lento que dura desde pequeños a adolescentes. Cuando su niño pregunte acerca de la vecina o familiar gorda, dele una respuesta sencilla; "Tiene un bebé dentro de su estómago". Esto le satisfacerá y educará también. A la pregunta de "Cómo llegó allí?" la respuesta es "Crece allí" y "Cómo sale el bebé de allí?" la respuesta es "La mamá lo empuja hacia afuera." Este simple intercambio de palabras es una buena manera de iniciar la educación sexual.

Use palabras legítimas para describir las partes y funcionamiento del cuerpo.

Más que una conversación seria, aproveche las oportunidades a medida que se van presentando y lentamente a lo largo de los años explicar lo básico. Por ejemplo, si un animal tiene bebés, lleve a su niño a verlos y aproveche esta oportunidad para continuar su educación. De esta manera su niño ve que usted está dispuesto a platicar sobre el tema abiertamente y a contestar las pregunatas honestamente. El niño entonces aprende y se da cuenta de que hablar sobre sexo no es algo prohibido o secreto.

Catorce

Los Primeros Años de Escuela

Cascos para montar en bicicleta

Los cascos para montar en bicicleta reducen las lesiones a la cabeza en un 85 porciento. Deben usarse cada vez que su hijo(a) monte en bicicleta; consígale uno, vale la pena el gasto y en muchos sitios es obligatorio por ley.

Patineta y patines

Son muy divertidos pero peligrosos. Las lesiones a los brazos, piernas, cabeza y nuca son

bastante comunes. No permita que su hijo si es menor de cinco años monte en patineta o patines. No tienen todavía buen juicio o la coordinación motriz bién desarrollada.

Insista en que su hijo use casco protector y almohadillas protectoras de codos y rodillas. No permita nunca que su hijo patine en la calle o en la autopista. Sólamente debe hacerlo en la banqueta o frente al garaje de su casa.

Alistándose para ir a la escuela

Cuando va llegando la edad de que su niño vaya a la escuela, puede preguntarse: Debo mandar a mi niño a la escuela o espero un año más? También, después de cursar el kinder, pueden los padres preguntarse: Está mi niño listo para pasar al primer grado? Muchos niños son considerados inmaduros por los maestros pre-escolares. Les hacen pruebas, evaluaciones y luego recomiendan a los padres que el niño repita el curso por motivo de inmadurez de interacción social.

Esto sabemos (el sistema escolar o sus amistades no le van a decir a usted lo siguiente):

* Los niños de menor edad en el primer grado tienen un porcentaje menor de logro en aprendizaje, pero desaparece al llegar al tercer grado.

* El niño de menor edad en kinder siempre está en desventaja.

* El niño que usted retiene voluntariamente con frecuencia no se siente estimulado y puede en realidad irle peor.

* Las pruebas que se hacen para ver si el niño está listo o nó para la escuela fueron diseñadas para que los maestros planearan las clases.

Ninguna es suficientemente certera para decidir quién está listo o nó para la escuela. Hay un margen de error hasta de un 50 porciento.

Repetición de kinder y del primer grado
• Una vez terminado el primer grado, los niños que lo repiten no demuestran estar más adelantados que sus compañeros.

• Se sienten más negativos en cuanto a la escuela.

Por lo general no hay ningún beneficio académico en hacerle repetir el año escolar a un niño de kinder o de primer grado. No importa cómo usted le explique ésta repetición al niño, puede lastimarlo emocionalmente.

El Mejor Consejo:

Su niño va a la escuela para aprender más que para hacer amistades. La falta de madurez moderada es bastante común y del tercer grado en adelante deja de ser notoria. Probablemente no es prudente hacer que un niño considerado normal, repita el año escolar.

Deportes en grupo

Los deportes en grupo como el futbol y football (americano) son buenos para los niños. Les enseña ética en el deporte y a llevarse bien con los demás.

Ustedes los padres/madres, hablen con el entrenador de dicho deporte antes de inscribirlo a participar y entérese si:

- El entrenador enfatiza en los niños la necesidad de ganar o que los niños aprendan el juego y se diviertan.

- Le permite a su hijo participar en el juego o lo tiene sentado en la banca?

- Si el niño se lastima, el entrenador lo anima a que siga jugando "por bién del equipo"?

- Tienen los niños período de estiramiento/calentamiento antes de jugar?

Asegurese de todo esto antes de permitir que su hijo haga parte del equipo.

El Mejor Consejo:

Los deportes deben ser divertidos para los niños y un buen programa de deporte trata de que sea así. Lo más importante: No se enoje con su niño si su abilidad en el deporte es menos de lo que usted quisiera.

Ejercicios para los ojos

Frecuentemente oímos en las noticias sobre ejercicios para los ojos. Algunos optómetras los recomiendan para ayudarle al niño mover los ojos más fácilmente y para mejorar la visión y las aptitudes de lectura y atletismo.

La escuela de su hijo puede sugerirle que su hijo necesita ejercicios de los ojos para mejorar la coordinación, balance, lectura y aprendizaje.

Los padres con hijos de movimientos torpes o que no están leyendo bien quieren ayudarlos para que lo hagan mejor. Estos padres están convencidos de que los ejercicios de los ojos son beneficiosos e innecesariamente gastan gran cantidad de dinero en múltiples visitas al consultorio del médico para dicho tratamiento.

No hay evidencia que los ejercicios de los ojos sirven para lo que dicen o ayudan de alguna forma. Estos ejercicios pueden ayudar a algunos niños por el hecho de recibir más atención. Usted mismo puede hacerlos pasando más tiempo con su niño y sin tener que pagarle dinero a alguien para que se los haga.

El Mejor Consejo:

Si los maestros o amigos recomiendan ejercicios de los ojos para mejorar la coordinación y lectura de su niño, siempre consúltelo primero con su médico y oftalmólogo calificado.

Leyendo

Enseñe al niño lo maravilloso que es leer. Hay miles de historias maravillosas relatadas en libros. El tiempo que usted pasa leyendo a niños pequeños es el tiempo mejor gastado tanto para los padres como para los niños.

Trate de leerle diariamente, antes de prender el televisor. El amor por la lectura es algo que su hijo apreciará toda la vida.

El Mejor Consejo:

Los niños imitan a sus padres, por lo tanto mantenga libros, revistas y periódicos en su casa y uste, léalos también.

Quince

Pubertad

En la pubertad, los cambios físicos de los niños normales ocurren de una manera ordenada y en un espacio de tiempo definido. La edad en que comienza la pubertad varea con la salud en general, la nutrición, con la herencía, y el estado socioeconómico de la familia.

Niñas

El desarrollo de los senos está controlado por las hormonas. Aunque el desarrollo completo de los senos no tiene lugar hasta que la niña cumple los once años, algunas niñitas de aproximadamente ocho años de edad encuentran que tienen pequeños y adoloridos botones de tejido mamario debajo de uno o ambos pezones. Estos pequeños bultos son botoncitos de seno, sensibles a las pequeñas cantidades de hormonas sexuales femeninas que produce el cuerpo a esta edad. Estos botones de seno no se agrandan mucho y pueden permanecer o desaparecer.

Las niñas que experimentan este cambio deben saber que es algo normal; que no tienen cáncer y que el seno no les va a crecer más hasta mucho tiempo después. Como el flujo de sangre es mayor en estos botones se seno, por lo general son muy sensibles y pueden doler al rozarlos o golpearlos. No hay razón para preocuparse.

Es muy importante que estos botones de seno se reconozcan por lo que son. No deben ser removidos quirúrgicamente por el médico creyendo por equivocación que es algún tejido canceroso. Si acaso llegaran a ser removidos, no habrá nunca desarrollo normal del seno en este sitio.

La verdadera pubertad comienza en las niñas entre la edad de once a quince años. Hay un impulso de crecimiento por varios años, depositando grasa y cambiando la apariencia y forma del cuerpo en las niñas. A esta edad comienza el verdadero desarrollo de los senos y aparece el pelo en las axilas y en la región púbica. El pelo es producido por andrógenos (hormona sexual masculina), de la cual todas las niñas tienen un poco.

A los dos o tres años de iniciarse el crecimiento comienzan los períodos menstruales. Esto por lo general sucede entre los once y los dieziocho años y es parte normal del crecimiento.

Es importante que usted explique a su hija pre-adolescente que le va a venir la menstruación y lo que debe hacer cuando le venga. La adolescente debe entender que es un proceso normal sin peligro alguno. Debe prepararse por si le viene la menstruación cuando se encuentre lejos de su casa. Enséñele sobre las toallas sanitarias y los tampones.

La menstruación es por lo general muy ir-regular en los primeros dos o tres años de haber comenzado. A la mayoría de las mujeres jóvenes la menstruación (período) les viene de manera regular, mensualmente; sin embargo en otras, sólo les viene cada dos o tres meses. Es recomendable que la mujer tenga mínimo cuatro o más períodos al año. Si su hija adolescente tiene

menos de cuatro períodos al año, consulte con su médico.

Protección: externa o interna? Es buena idea preparar a su hija en el uso de la toalla sanitaria, pero no tiene nada de malo enseñarla a usar los tampones que le harán la vida mucho más fácil. Los tampones están bien a cualquier edad mientras la niña se los pueda introducir. Es importante no usar el tampón por 24 horas seguidas debido al riesgo de contraer el síndrome de choque tóxico, condición seria causada por bacteria que crece en el tampón. Los tampones no presentan problema mientras se cambién cada cinco a ocho horas y no se usen durante la noche.

Los cólicos menstruales son comunes especialmente en los primeros años de haber comenzado la menstruación; es más fácil prevenirlos que tratarlos. El ejercicio ayuda a mejorar los cólicos menstruales. En caso de necesitar medicina, Advil o Motrin (ibuprofen) y Aleve (naproxen) sin receta médica son muy efectivos para el cólico. Tomados a tiempo, este grupo de medicinas trabaja mejor que muchos de los medicamentos especialmente indicados para cólico menstrual que se venden en la farmacia sin receta médica.

En los primeros años de haber comenzado la menstruación, las niñas jóvenes pueden no ovular cada mes y algunas veces tener muchos días de hemorragia fuerte. Esto por lo general se puede tratar con píldoras de hierro compradas en la farmacia. Si la hemorragia es muy fuerte y contínua, el médico puede tratar a su hija con píldoras anticonceptivas por tres o cuatro meses. El uso de la "píldora" en este caso es por razón médica y no para control natal; por lo general trabajan bien.

Varones

La pubertad en los varones usualmente comienza dos años después que la de la mujer. Primero comienza a crecer el pene, el escroto (bolsa) y los testículos, seguidos del pelo púbico. Luego comienza un crecimiento rápido. Durante este tiempo, las hormonas circulantes estimulan

la laringe (cuerdas vocales) causando su crecimiento y haciendo aparecer la protuberancia de la manzana de Adán. Las cuerdas vocales se estiran y la voz se corta cambiando de tono alto a tono bajo a veces en la mitad de la frase. Eventualmente la voz enronquece permanentemente.

El pelo en la cara y las axilas aparece dos años después de haber aparecido el pelo púbico. Las eyaculaciones en la noche comienzan un año después de que el pene haya comenzado a crecer. Esto es normal.

Muchos varones tienen desarrollo en los senos alrededor de la pubertad. Esto se llama ginecomastia. Ocurre en un 30 a 50 porciento de todos los varones y es causado por el estrógeno, (la hormona sexual femenina) presente en pequeñas cantidades en todos los varones. Estos bultos en los senos son sensibles, no crecen mucho y usualmente desaparecen después de varios años. Los varones adolescentes necesitan saber y tener confianza de que esto es algo normal.

El varón debe comprender que no tiene cáncer, que los senos no llegan a agrandarse como para causarle problema y que muchos de sus amigos también pueden tener ginecomastia.

Ocasionalmente cuando el varón desarrolla los senos bastante grandes, se siente tán preocupado por su apariencia que puede presentar dificultades sicológicas. Estos varones reusan la natación, no se desvisten en presencia de otros y se aislan emocionalmente. Pueden necesitar de ayuda sicológica profesional y una evaluación por un cirujano plástico para remover los senos por medio de cirugía cosmética.

El Mejor Consejo:

La pubertad es un período estresante para los padres como para los hijos.

Tiene que haber mucho amor, cooperación y tolerancia de ambas partes para que la estructura familiar sobreviva de la mejor manera posible.

Dieciseis

Adolescentes

Los adolescentes dan mucho trabajo pero también son muy divertidos.

El molde de su comportamiento se forma en los primeros cinco a siete años de vida. En estos años de crecimiento es cuando se le implanta al niño la ética moral y la filosofía de la vida en general.

La adolescencia son años turbulentos. Hay cambios de temperamento debido a las hormonas, presión por parte de los compañeros y la necesidad de crear su propia identidad separada de la de sus padres.

El hogar y la familia son menos importantes para el/ella a medida que va descubriendo el mundo. Estar en conformidad con sus amigos en grupo pasa a ser lo más importante en la vida del adolescente.

Los adolescentes comen alimentos sin nutrición (junk food), así que provea en el hogar alimentos ricos en vitaminas y minerales para asegurarse de que tengan los nutrientes necesarios.

El adolescente es a veces niño, a veces adulto. Es importante recordar que los adolescentes a pesar de su rebeldía, necesitan desesperadamente que les fijen límites y reglas de comportamiento. Ellos desafiarán las reglas pero estarán perdidos sin ellas.

Son mayores para dialogar sobre decisiones pertinentes a ellos y a la familia pero realmente quieren que los padres estén en control. Los adolescentes no se sienten cómodos ni seguros si pueden hacer todo lo que quieren.

Disciplina

Es preferible sentarse a hablar calmadamente con su hijo adolescente antes de que surja el conflicto. Dígales lo que ustedes como padres esperan de él/ella y qué castigos o premios pueden entrar en juego.

Junto con su hijo hagan un pacto de reglas básicas como las que menciono a continuación.

- Comportamiento en el hogar y en público.

- Actividades y deportes en la escuela y después de las horas de escuela.

- La posibilidad de tener un empleo después de la escuela, los fines de semana o en las vacaciones.

- Involucración con amigos y compañeros.

- Uso del teléfono y del carro.

Oiga las quejas, deseos y preocupaciones del adolescente y vea si puede incorporar algunas de sus ideas y sugerencias en su modo de pensar. Pónganse de acuerdo en las consecuencias si llegan a romper las reglas.

Escríbalas en un papel y haga tres copias que todos firman. Una copia para usted, una para el adolescente y otra para pegar en el refrigerador. De esta manera las reglas están en su sitio antes de que se presente algún conflicto.

El Mejor Consejo:

No ponga reglas nuevas cuando está teniendo un altercado con su hijo adolescente.

Conduciendo

Es maravilloso tener a un adolescente que conduce carro y esté siempre listo y ansioso de hacerle todos los mandados. Asegúrese claro está que su adolescente sepa las reglas de tránsito y lo que ustedes como padres esperan del conductor adolescente.

A su juicio, use el carro como "premio o castigo" para cambiar comportamientos.

Responsabilice al adolescente haciendo que ayude a pagar por la gasolina del carro y, si acaso tiene un empleo, ayude a pagar el seguro del automóvil.

Drogas, Alcohol y Tabaco

Háblele a su adolescente sobre el peligro de las drogas, el alcohol, el cigarrillo y otras formas de tabaco. Siempre dé buen ejemplo. Recuerde, usted es modelo a seguir para su hijo adolescente.

El conducir y beber alcohol no deben mezclarse. Haga un pacto con su adolescente: en cualquier instante en que el conductor haya bebido alcohol, (no importa si es su hijo u otra persona), con una sola llamada y sin hacerle pregunta alguna usted como padre irá a recogerlo y traerlo a casa. Después cuando todo esté en calma, podrá discutir el incidente con él/ella.

Sexo

Las enfermedades transmitidas sexualmente y el embarazo en las adolescentes son desafortunadamente un hecho de la vida real hoy en día. El Síndrome de Inmuno Deficiencia Adquirida o (SIDA) se está contajiando en jóvenes de esta edad.

Háblele a su adolescente acerca del sexo, control de natalidad y cómo prevenir las enfermedades transmitidas sexualmente. Haciéndolo, pudiera estar salvando la vida de su hijo/a.

Acné

Se desconoce la causa del acné. Hay muchas glándulas cebáceas en la cara, espalda y pecho. El acné obstruye estas glándulas causando enrojecimiento, inflamación y espinillas de cabeza negras y blancas.

- El ochenta y cinco porciento de todos los hombres y mujeres jóvenes tienen un poco de acné.

- El acné no es peligroso y casi siempre desaparece eventualmente.

- Para el adolescente que se preocupa tanto por su físico, tener acné es catastrófico.

- El acné parece ser hereditario.

- El acné aparece entre los nueve y diecisiete años de edad cuando se llega a la madurez sexual.

Si la inflamación es severa pueden formarse quistes. El acné empeora cuando hay estrés y con el período menstrual.

Probablemente la dieta no causa acne pero algunos alimentos sí parecen empeorar la condición; evite estos alimentos.

El acné es un problema a largo plazo y no existe una cura rápida. La limpieza ayuda. Cuando lave su cara, trátela con delicadeza. No apriete las espinillas, pueden dejarle cicatrices permanentes.

Hay varias maneras de tratar el acné, demorando a veces semanas o meses antes de notar mejoría. Tenga paciencia y dé oportunidad a que el tratamiento trabaje.

Medicamentos Tópicos
- Benzoyl peroxide. Este eficaz medicamento se consigue en la farmacia sin receta médica con el nombre de Oxy-5, Oxy-10 o Clearasil. Trabaja bastante bién; benzoyl peroxide con receta médica

viene en forma de crema o gel y es
más efectivo.

- Retin-A. Este medicamento se
  consigue únicamente con reseta
  médica. Trabaja muy bien pero
  puede ser irritante. Se aplica una
  vez al día o día de pormedio,
  dependiendo de qué tan enrojecida
  esté la piel.

- Antibióticos tópicos: Se venden
  únicamente con receta médica y
  son en liquido clindamicina y
  eritromicina. Ambos trabajan bién
  para controlar el enrojecimiento.

El tratamiento tópico con frecuencia combina
dos o más de estos medicamentos. Si después
de nueve a dieciseis semanas de tratamiento
tópico el acné no ha mejorado, es necesario tomar
medicamento por vía oral.

Medicamentos Orales:
- Tetraciclina o eritromicina. Estos
  antibióticos con receta médica se
  administran en peqeñas cantidades
  y trabajan muy bien en algunos
  adolescentes. El enrojecimiento
  desaparece y el acne mejora.
  Después de años de experiencia
  hemos sabido que el uso a largo
  plazo de estos medicamentos no
  causa efectos secundarios.
  Recuerde que la tetraciclina se

tiene que tomar con el estómago vacío y nunca con leche.

• Accutane. Si el acné persiste y es muy severo, puede ensayar este medicamento con receta médica. Se administra por vía oral durante tres meses y ocasionalmente causa severos efectos secundarios. Accutane cura la mayoría de los casos de acné. Solo puede ser recetado por el dermatólogo.

El Mejor Consejo:

Con un poco de suerte y mucho trabajo, su adolescente se convertirá en una persona a quien pueda amar y respetar.

Recuerde que a pesar de la turbulencia experimentada en los años de adolescencia, la mayoría de los padres y los hijos sobreviven esta experiencia.

Diecinueve

Problemas Más Comunes Sobre la Salud en Todas las Edades

Dolor abdominal (dolor de estómago)

Es muy común en los niños el dolor de estómago. A veces les viene y se les quita continuamente por meses o años. Algunos dolores de estómago se deben a enfermedades serias como la apendicitis o a infección de vejiga o de riñon. El tipo de dolor del abdomen serio, por lo general empeora rápidamente y puede presentar otros síntomas como pérdida de peso, vómitos, diarrea, necesidad de orinar frecuentemente con dolor, y pérdida de apetito. El niño se ve enfermo. (Ver Cómo Saber Si Su Niño Está Seriamente Enfermo, pag. 21). Consulte a su médico inmediatamente.

Pídale al niño que le señale dónde le duele; entre más cerca le señale del ombligo, menos las probabilidades de que el dolor de abdomen sea por algo serio.

El dolor del abdomen que perdura por largo tiempo, que no es fuerte pero sí molesto, que viene y se quita, es un problema diferente. A ésta condición se le llama dolor abdominal crónico, colitis mucosa, colitis espástica y aflicción del funcionamiento estomacal. Preocupa mucho a los padres. No sabemos la causa de estos dolores de estómago. Sin embargo, los niños por lo general comen bien, son alegres, van a la escuela y se ven saludables.

El dolor abdominal crónico es un diagnóstico por exclusión. En otras palabras, el médico tiene que asegurarse que el niño no padezca de algo serio. Si el niño tiene un dolor abdominal que no se quita, es necesario llevarlo al médico. Deben hacerle un examen de la sangre, exámen de orina y de materia fecal para verificar que todo esté normal. Las probabilidades de encontrar algo grave son pocas, pero el médico tiene que asegurarse de que nada serio esté causando éste dolor.

A continuación, algunas observaciones sencillas:

- Averigue si hay algún estrés en la vida del niño que usted pudiera mejorar. Está pasando algo en casa o en la escuela que pudiera estar afectando al niño? Está el niño involucrado en demasiadas actividades fuera de la casa como deportes o clases de música? Trate de hacerle la vida un poco más fácil.

- A veces el medicamento Maalox Plus que se consigue sin receta médica puede ser beneficioso.

- El medicamento Donnatal (con receta médica) también puede ayudar.

Muchos de estos dolores del abdomen duran por años, ocurriendo intermitentemente a pesar de todo lo que se haga. A medida que el niño crece, aunque el dolor puede persistir, la molestia se va haciendo menos importante en su vida.

El Mejor Consejo:

El dolor abdominal crónico es común en los niños. Si su médico le dice que no encuentra nada serio, estos simples consejos pueden ayudar a que el niño se sienta más cómodo.

Apendicitis

Como la gastroenteritis, (ver Vómitos y Diarrea, pág. 170), la apendicitis comienza con dolor del abdomen. El dolor es leve por todo el abdomen y gradualmente va empeorando. Después de varias horas el dolor se mueve y se situa en el lado derecho. La náusea y el vómito son comunes, pero por lo general no hay diarrea.

Los niños con apendicitis pueden tener la temperatura normal o darles un poco de fiebre (99°- 101° F). No tienen hambre ni desean comer. Con gastroenteritis viral el niño varía entre sentirse mejor a peor, pero con apendicitis el niño va sintiéndose peor progresivamente.

La apendicitis es un diagnóstico clínico y un analisis de la sangre o los rayos-X ayudan muy poco en su diagnóstico.

La apendicitis es común después de los cinco años y todo niño que padezca de dolor del abdomen y vómitos debe ser observado cuidadosamente.

La apendicitis también ocurre en los niños de dos a tres años, siendo dificil diagnosticarla antes de haber ocurrido la ruptura del apéndice.

Comuníquese con su médico si su niño está vomitando y ha perdido el apetito.

El Mejor Consejo:

La apendicitis es algo muy serio, ocurre en época gastroentiritis como también en otras épocas del año. Considérelo siempre una posibilidad a pesar de cualquier virus que esté afectando la comunidad en ese momento.

Cualquier dolor de barriga que va empeorando, especialmente si hay vómito y pérdida de apetito, es apendicitis a menos que se compruebe lo contrario. Llame a su médico.

Asma

A muchos niños les chilla el pecho en los primeros años de vida. Asma es la enfermedad infantíl crónica más común.

El asma es una condición en que los bronquiolos (pequeños tubos en los pulmones), por los cuales respiramos, se inflaman o bloquean temporalmente debido a varias causas que la provocan.

Esto es lo que sucede: Cuando ciertos "causantes" irritan los bronquiolos, estos se contraen y se hacen angostos; se desarroya flema causando más angostura haciendo dificil la respiración. El niño respira hacia adentro y luego tiene dificultad para exhalar o respirar el aire hacia afuera. Esta es la causa del chillido en el pecho.

Los conductos respiratorios reaccionan a irritantes en todas las personas, pero estos conductos son supersensitivos en las personas asmáticas, (se irritan más fácil y más severamente).

La herencia es un factor de riesgo: los padres asmáticos con frecuencia tienen hijos asmáticos.

Causantes comunes:

- Las alergias nó causan asma pero sí pueden predisponer para un ataque asmático.

- Las infecciones por virus o bacteria son causantes comunes.

- El humo del tabaco, el olor a pintura y el perfume son causantes bien reconocidos.

- El ejercicio con frecuencia puede ser la causa.

- El aire frío también es un causante. Por esta razón los ataques de asma con frecuencia comienzan y empeoran en la noche.

El tratamiento del asma es complicado. Es importante aislar la causa para así aliviar el bronquio-espasmo y la inflamación. Los bronquio-dilatadores Albuterol o Adrenalin son medicamentos con receta médica que ayudan a relajar los espasmos musculares alrededor de los bronquiolos.

Los bronquio-dilatadores pueden administrarse por vía oral en forma de píldoras o líquido, o por inyección. La corriente sanguínea se encarga de hacerlos llegar a los pulmones. También pueden inhalarse directamente a los pulmones, tratamiento por preferencia. Como el medicamento es administrado directamente a los pulmones, se necesita menos cantidad de medicina lo cual resulta en menos efectos secundarios para el paciente; entre los síntomas más comunes están la palpitación acelerada del corazón y nerviosismo.

Los medicamentos Cromolyn y esteroides (cortisona) sirven para prevenir el asma. Ambos son medicinas anti-inflamatorias que ayudan a reducir le flema y la hinchazón dentro de los bronquiolos. El Cromolyn y los esteroides tienen que ser inhalados varias veces al día y no sirven para aliviar un ataque de asma. Puede conseguirlos sólo con reseta médica.

Frecuentemente se puede tratar el asma satisfactoriamente con una combinación de medicamentos.

Objetivos de tratamiento:

- Permitir un sueño reparador en la noche.

- Evitar hospitalizaciones y visitas a la sala de emergencia.

- Permitir que el niño juege con amigos y vaya a la escuela.

- Ayudar a que el niño lleve una vida normal, activa y feliz.

(Ver también Crup, pág. 85 y Epiglotitis pág. 89).

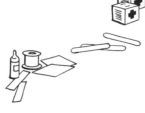

Mordeduras de animal

Si un animal muerde a su niño y la herida es pequeña:

- Lave la herida con mucha agua.

- Revice el registro de inmunizaciones del niño; tiene la vacuna contra el tétano al día o actualizada?

- Trate de identificar el animal que lo mordió y averigue si le han puesto las vacunas contra la peste de rabia.

- Llame y hable con su médico.

Si la herida es grande y se ve seria, llame a su médico inmediatamente o lleve a su niño a un centro de urgencia. El animal debe ser encerrado y observado por 14 días para asegurarse de que no tenga rabia. El encerramiento es necesario aún en animales vacunados. Si el animal no está disponible para ser observado, discuta otras opciones con su médico.

Las mordeduras de rodentes domésticos, (conejos, conejillo de las Indias, hamsters, y ratas) deben ser observadas más que todo para prevenir infección, puesto que estos animales por lo general no son portadores de la peste de rabia.

Los murciélagos, los sordillos, y los mapaches son portadores de la peste de rabia. Estos animales son peligrosos. Mantenga a su niño alejado de ellos y de cualquier animal salvaje o doméstico que aparente estar enfermo.

Las mordeduras de animales son sucias y se infectan con facilidad. Por lo general es necesario administrar antibiótico; hable con su médico.

(Ver también Mordeduras de Humano, a continuación).

El Mejor Consejo:

El animal doméstico sólo debe morder una sola vez! No siga teniendo el animal en casa una vez que haya mordido al niño. No importa el tiempo que lleven viviendo con él, deshágcanse del animal.

Mordeduras de humanos

Las mordeduras de humanos son relativamente comunes y son más peligrosas que las mordeduras de animales. La boca humana es más sucia y tiene más (y peor) bacteria que las bocas de la mayoría de los animales. Cualquier mordedura humana que rompa la superficie de la piel debe ser reportada a su médico, quien pudiera ver la necesidad de recetarle antibióticos para prevenir una infección.

El Mejor Consejo:

Preocúpese siempre por una mordedura de humanos, aunque ésta sea pequeña. Consulte a su médico y observe la mordedura detenidamente hasta que haya sanado.

Mordeduras y picaduras de insectos

Las picaduras de insectos primeramente duelen, enrojecen la piel, hay hinchazón y producen comenzón. Inmediatamente, cubra el área donde le picó el insecto con una mezcla de ablandador de carne y agua, bicarbonato de soda y agua, o agua con jabón. Si no tiene estos a mano, cubra el área con saliva. En casos de picadura de abeja, asegúrese de quitar la ponzoña primero; si no lo hace, forzará a que le entre más veneno en el sitio de la picadura. Las picaduras de avispa y abeja continúan hinchadas, enrojecidas y produciendo comezón por dos o tres días. Esto no quiere decir que estén infectadas y mejoran después de unos cuantos días.

El medicamento Benadryl (diphenhydramine hydrochloride), tomada, con frecuencia reduce la hinchazón y la comezón.

Para disminuir el riesgo de picaduras de insectos, asegúrese de que su niño use zapatos y camisas de manga larga cuando él o ella esten jugando afuera. En la farmacia puede comprar buenos repelentes de insectos en forma de atomizador. La Vitamina B-1 (thiamin) de 100-200 miligramos tomada diariamente durante los meses de verano, produce un cierto olor en el cuerpo que los insectos detestan. Este olor aleja a los mosquitos y a muchos otros insectos.

Sangramiento

Las cortadas y las raspaduras son heridas comunes en los niños, y con frecuencia están acompañadas de sangre. Usted no puede evaluar la herida si está totalmente cubierta con sangre, así que lo primero que tiene que hacer es parar la sangre. Algunas áreas del cuerpo sangran más que otras porque tienen los vasos sanguíneos más cerca de la superficie y, por lo tanto al romperse, producen más derramamiento de sangre. Estas áreas se encuentran en la cara, el cuero cabelludo y los genitales.

Cuando la piel y los vasos sanguíneos debajo de ésta se rompen, los vasos sanguíneos se encojen y las plaquetas, (pequeñas partículas en la sangre) se adhieren a los bordes en forma de tapón, cerrando la apertura del vaso sanguíneo. Luego, la fibrina de la sangre se activa para formar un coágulo más firme y permanente.

Cuando este sangrando, eleve el área que está sangrando. Con un trapo seco, ponga presión fuerte por varios minutos. El trapo mojado no sirve para parar la sangre. Por lo general la sangre para y podrá ver la herida mejor. Muchas de las cortadas y raspaduras no se ven tan graves una vez hayan dejado de sangrar y lo único que se necesita hacer es aplicar una simple pomada antibiótica como Neosporin o Polysporin.

Las cortadas dentro de la boca y en la lengua sangran mucho. Es difícil aplicarles presión así que haga que el niño chupe pedacitos de hielo. El frío ayuda a que se encojan los vasos sanguíneos formando un coágulo y dejando de sangrar.

El Mejor Consejo:

Presione fuertemente para parar la sangre. Evalúe la herida y llame a su médico si la ve grave.

Bronquitis (tos)

Si su niño tiene una tos persistente y no tiene pulmonía, se llama bronquitis (inflamación de los tubos bronquiolos en los pulmones). La bronquitis tiene muchas causas.

La bronquitis viral es bastante común. Los

antibióticos no hacen efecto, y la enfermedad (tos), tiene que seguir su curso.

La bronquitis viral por micoplasma ocurre en niños mayores y adolescentes. Este tipo de bronquitis mejora rápidamente si se administra el antibiótico eritromicina. El niño se siente algo enfermo pero está activo. Puede presentar una fiebre leve. Este tipo de bronquitis se parece a lo que llamamos pulmonía ambulante.

La bronquitis alérgica es también común. Esta bronquitis es causada por una alergia inhalada, (polen en el aire que el niño inhala), y puede durar por mucho tiempo, hasta que el polen causante de la alergia cese. Es muy similar al asma, (la tos asmática es una tos alérgica). Con frecuencia se recetan y sirven para esta aflicción los mismos medicamentos que se recetan para el asma.

La bronquitis asmática es también una bronquitis alérgica, pero con chillido al pecho además de la tos.

Con frecuencia, el niño también presentará infección bacterial o viral a los oídos, garganta, sinuses, o los pulmones. Esta infección es lo que da inicio a la bronquitis. Pudiera necesitarse de antibióticos para curar esta infección; de no hacerlo, la bronquitis no se cura.

La sinusitis alérgica (inflamación de los senos frontales) es raramente infecciosa y puede causar moqueo nasal que le baja al niño a los pulmones, (especialmente cuando está acostado). El niño tose para expectorar las flemas de los pulmones. La tos es por lo general peor en la noche.

La mayoría de las toses por bronquitis suenan igual, y puede ser bastante difícil diferencialas.

Los niños no tosen y escupen sino que tosen y tragan, por lo tanto usted casi nunca ve materia expectorada.

Tratamiento a seguir:

- Humidificación – humidifique el ambiente con un humidificador de agua fría, (el vaporizador sirve igualmente pero es peligroso que el niño jale la cuerda y se eche el agua caliente encima). Si no tiene más a su disposición, deje correr la ducha con agua caliente y haga que el niño inhale el vapor por unos cuantos minutos.

- Medicinas expectorantes para la tos aflojan las flemas permitiendo ser expoectorados por la tos más fácilmente.

- Medicinas específicas: los antibióticos o medicamentos antialérgicos pueden ayudar dependiendo de la causa.

El Mejor Consejo:

Si su niño tiene tos, se siente bien y no tiene fiebre, lo puede tratar adecuadamente en su casa. Si tiene fiebre o si la tos perdura por muchas semanas, es necesario llevarlo al médico.

Quemaduras

Las quemaduras pequeñas y superficiales son comunes y sanan sin dejar cicatriz. Inmediatamente sumerja el área quemada en agua fría. No aplique hielo, pudiera hacerle más daño a la piel. Si le salen ampollas, no las reviente. La piel sanará mejor con la ampolla sin reventar. Cualquier quemadura mayor en la palma de la mano, planta de los piés o genitales es potencialmente seria y necesita atención médica de urgencia.

Cáncrum (úlcera bucal)

Las úlceras bucales afectan tanto a los niños como a los adultos. Son úlceras pequeñas y amarillas en la boca, encías y garganta. Son muy dolorosas pero su niño no se sentirá enfermo.

Las úlceras bucales son causadas por una virus, que una vez que infecta al niño, vive indefinidamente en las células de su boca. Entre más bajas tenga las resistencias de la boca, más úlceras bucales aparecerán. En cuanto suben las resistencias, las úlceras irán desapareciendo.

Hay muy poco que ayude o mejore.

Qué debe hacer:

- No dé alimentos o líquidos ácidos (como jugo de naranja). Déle a su niño alimentos y líquidos sabrosos, fríos, suaves, y sin aliños o especies.

- Dele Tylenol (acetaminophen) para aliviar el dolor.

- Su médico puede recetarle xylocaine en forma líquida; esta medicina es un anestésico que alivia el dolor pero sabe tan mal que la mayoría de los niños (y adultos) prefieren aguantarse el dolor a tener que usarla.

- Usted puede comprar Benadryl (diphenhydramine hydrochloride) en la farmacia. Enjuague la boca con esta medicina para aliviar un poco el dolor.

- Usted puede comprar Maalox líquido en la farmacia. Enjuague la boca tambien con esta medicina para aliviar el dolor. (Trabaja bastante bién la combinación de las medicinas Benadryl y Maalox).

Recuerde, las úlceras bucales siempre, eventualmente, desaparecen por sí mismas.

Hay varias enfermedades que presentan úlceras parecidas al cáncrum. La infección por el virus coxsacki presenta dolor de garganta con fiebre, a veces vómito y dolor de barriga. Las úlceras se presentan en la parte trasera de la garganta y el niño, por lo general, se siente enfermo. Esta enfermedad dura aproximadamente de 7 a 10 días y va desapareciendo por sí misma. Trátela con Tylenol (acetaminophen) y administre alimentos y líquidos fríos de buen sabor.

La enfermedad de Boca, Manos y Piés, causa úlceras en la garganta, palma de las manos y planta de los piés. (Ver información sobre enfermedad de Boca, Manos, y Piés en la pág. 147).

La gingivitis ulcerosa es una infección causada por el virus herpes 1. Se presenta con fiebre alta y las encías del niño se ponen rojas, hinchadas y comienzan a sangrar. Los dientes pueden aflojarse. Aparecen úlceras blancas por toda la boca incluyendo la lengua, encías y garganta. Los niños con esta enfermedad se sienten verdaderamente mal. La aflicción puede durar varios días a varias semanas y no hay mucho qué hacer fuera de darle Tylenol (acetaminophen) y distraerlo para lograr que acepte los suficientes líquidos y alimentos para mantenerlo lo más cómodo posible.

Buena noticia: la gingivitis ulcerosa siempre sana por sí misma. Las encías vuelven a la normalidad, el sangramiento cesa y los dientes vuelven a afirmarse. No ocasiona daño permanente. Es una enfermedad muy molesta, pero todo al final, saldrá todo bién.

Resfriados/catarros

Los resfriados (nariz moqueando, a veces con tos y un poco de fiebre) llamado también URIs o infección al conducto respiratorio superior), es causado por gran número de virus. Los resfriados no necesitan (y no mejoran con) antibióticos. Por lo tanto no se lo pida al médico.

Usted puede elaborar gotas para la nariz mezclando:

> 1 taza de agua
> ¼ cucharadita de sal

Póngale al niño cuatro o cinco gotas en cada fosa nasal cada tres o cuatro horas. El humidificador de rocío frío es muy beneficioso en la noche cuando hay resfriado y tos. También son buenos los vaporizadores de rocío caliente, pero si se derraman, pudieran causar graves quemaduras.

Lastimaduras de clima frío

Las lesiones causadas por congelamiento ocurren en la cara, nariz, orejas, manos y piés cuando no se protegen adecuadamente manteniéndolos secos y cubiertos. La piel en estos sitios (y bajo la epidermis) es muy delgada para protegerse contra la inclemencia del frío. Los vasos sanguíneos pequeños se congelan formando cristales de hielo en los tejidos. La piel se pone roja y luego pálida a medida que la sangre deja de fluir. Al calentarse nuevamente, la piel enrojece y pudieran formarse pequeñas ampollas.

El tratamiento consiste en calentar el área afectada lo más pronto posible. No dé masajes ni frote hielo o nieve en la piel. Prevenga la infección si se llegaran a formar ampollas. La recuperación por lo general es bastante buena.

El Mejor Consejo:

Prevenga las lesiones por clima frío vistiendo a su niño apropiadamente. Asegúrese de que tenga las manos, nariz, orejas y piés secos y calienticos siempre que esté jugando afuera y el clima esté frío.

Cortadas y contusiones

Por lo general estas son siempre menores y no requieren mayor cuidado. Lávelas con agua y jabón y manténgalas limpias y secas. Para evitar una infección, compre en la farmacia el antibiótico (Neosporin o Polysporin) y aplíquelo varias veces al día. Las cortadas que se ven abiertas o tengan más de media pulgada de largo pudieran necesitar puntadas.

Vaya donde el médico para evaluación de estas lesiones.

Infecciones en los párpados (orzuelos)

Los orzuelos son comunes tanto en los niños como en los adolescentes. Esto es lo que sucede: una de las glándulas en el borde del párpado se abre, infectándose con la bacteria que se encuentra en el párpado. Una vez infectada la glándula, hay enrojecimiento, hinchazón y dolor. Se forma un pequeño forúnculo en el borde del párpado al lado de las pestañas. Esto es lo que se llama "orzuelo." El forúnculo tiene que abrirse y escurrir antes de que pueda sanar la infección. La pus que escurre del forúnculo contiene más bacteria y el niño se la riega con la mano, untándose ambos párpados del ojo. Al abrirse la próxima glándula, el proceso se repite formándose otro orzuelo. Siempre lave cuidadosamente sus manos y las de su niño después de tocarse los ojos.

El tratamiento consiste en aplicar paños de agua caliente y una pomada antibiótica recetada por su médico, la cual se unta en las pestañas varias veces al día. Algunas veces, si se reconoce a tiempo, puede prevenirse la formación del forúnculo administrando un antibiótico oral.

El Mejor Consejo:

Con el primer síntoma de enrojecimiento o hinchazón en el párpado, pónga compresas calientes (toallita húmeda y caliente encima del área afectada) y visite a su médico para que le recete la pomada de antibiótico para los ojos. Continúe untando el antibiótico en pequeña cantidad en las pestañas una o dos veces al día por varias semanas hasta que el orzuelo haya desaparecido para acabar con la bacteria y prevenir el recurrimiento de otro orzuelo.

Fiebre

Cuando hay fiebre, es importante recordar:

- No es la fiebre lo que le debe preocupar sino qué es lo que esta causando la fiebre.

- Su niño puede estar muy enfermo con apenas una fiebre leve y no tan enfermo con una fiebre muy alta.

- Todo niño de menos de tres meses con temperatura de 100.8°F o más debe ser visto por el médico.

- La fiebre alta por si sola (aún hasta de 106°F) no causa daño al cerebro.

- La fiebre alta puede causar convulsiones en bebés de seis meses a tres años de edad.

- La mejor manera de trabaja la fiebre es administrando Tylenol (acetaminophen), Advil o Motrin (ibuprofen).

• La aspirina, aunque obra bien, no se recomienda y no debe usarse por la posibilidad de causar el síndrome de Reye, complicación muy seria en los niños.

Para mantener baja la fiebre administre el medicamento cada 3 ½ - 4 horas.

Estos medicamentos toman de treinta a cuarenta minutos para comenzar a bajar la fiebre. La fiebre puede continuar subiendo durante este período. Los baños de tina con agua tibia ayudan un poco y le mantienen ocupado mientras trabaja el medicamento. Nunca use agua helada o baños de alcohol.

La mayoría de las fiebres son causadas por virus que tienen que seguir su curso.

(Ver también convulsiones por Fiebre, pág. 89.)

El Mejor Consejo:

Si su niño se ve enfermo, no importa cuál sea su temperatura, llame a su médico.

Quinta enfermedad (eritema infecciosa)

Esta es una infección causada por el virus Parvo. Puede presentarse con fiebre y un ligero sarpullido sobre la cara, cuerpo, brazos y piernas. Los cachetes con frecuencia se ponen brillantes y de color rojo vivo, razón por la cual se le llama (enfermedad de cachete golpeado). La enfermedad dura de cinco a diez días pero el sarpullido puede aparecer y desaparecer por varias semanas. El tratamiento consiste en controlar la fiebre únicamente.

Aunque es inofensivo para su niño, este virus ocasionalmente causa defectos de nacimiento, por lo tanto mantenga a su niño alejado de mujeres recién embarazadas.

Hongo – infecciones de la piel (tiña, pié de atleta, erupción por suspensorio)

Las infecciones por hongo son comunes en los niños. Hay muchas clases de hongos en el ambiente que causan diferentes enfermedades en la piel. El hongo no es bacteria y por lo tanto no responde al antibiótico. Hay varios medicamentos anti-hongo en el mercado y algunos de ellos pueden comprarse sin receta médica.

Los hongos invaden la capa externa de la piel y viven allí. Les gusta especialmente los lugares húmedos y oscuros y se desarrollan en el área del pañal en el bebé, en los genitales de las niñas y de los atletas y en los piés cuando se mantienen húmedos por el sudor.

Monilia, erupción de la piel debido al pañal, (Ver Erupción por pañal, pág. 41) es una infección por hongo.

La tiña se presenta en el cuero cabelludo o en el cuerpo. La tiña de cuero cabelludo comienza formándo un área roja y pequeña que va creciendo lentamente.

Pronto aparece una escamación, hay formación de costra y se cae el pelo dejando parcialmente al descubierto el área afectada. Esta caída del cabello es diferente a la alopecia areata, una aflicción por causas desconocidas que produce la caída del cabello completamente en diferentes sitios de la cabeza. La tiña también debe diferenciarse de la caída de pelo en niños nerviosos que literamente se arrancan el pelo dejando parches de calvicie; esto por lo general lo hacen a la hora de acostarse.

Algunas veces la tiña de cuero cabelludo se infecta con bacteria, formando un círculo rojizo y protuberante con pus. Esto se llama kerion y debe ser tratado con antibióticos y medicamentos anti-hongo. La tiña de cuero cabelludo debe ser revisada por el médico puesto que es necesario recetar el medicamento oral (griseofulvin) junto con un tratamiento local. El tratamiento local puede ser una crema anti-hongo o el champú de marca Selsun Blue.

La tiña del cuerpo comienza con un punto rojo de apariencia seco y escamoso, se agranda en forma de círculo, (con borde rojo y un poco pálida y escamosa la parte de adentro). Su niño puede contagiarse de tiña a través del gato, el perro o de otro niño y, si no se trata a tiempo, puede regársele por todo el cuerpo. La tiña del cuerpo debe diferenciarse de la excema nummu-lar (en forma de moneda) y del impétigo. El tratamiento consiste en aplicar una pomada anti-hongo. Clotrimazole (Mycelex, Lotrimin) y miconazole (Micatin) trabajan bastante bien.

La tiña del área genital se llama "comezón por suspensorio". Se forma un punto rojo que luego se agranda, causando un círculo de color café-rojizo con borde rojo y elevado. Este tipo de tiña es común en los atletas y en las personas que sudan mucho y usan ropa interior apretada. El tratamiento consiste en usar ropa más floja, secar el área afectada con un secador de mano después del baño o de hacer ejercicio y aplicar una de las pomadas anti-hongo.

Las infecciones por hongo de los piés, llamada pié de atleta, se contagia de persona a persona. La piel se ve roja y escamosa. Se forman costras y rajaduras entre los dedos, y se siente una intensa comezón. Usted mismo puede tratar esta infección. Cambie los calcetines de su niño con frecuencia, manténgale los piés secos, (puede secarlos con un secador de pelo en calor "tibio") y usar un medicamento anti-hongo. Para el padecimiento de pié de atleta, la pomada Tinactin (tolnaftate) o Desenex trabaja bastante bien.

La reinfección es común. Si los piés de su niño no mejoran con este tratamiento, pudiera ser que no padeciera de pié de atleta sino una alergia de piés. A veces ocurre una reacción alérgica en niños que usan zapatos tenis o cualquier zapato que tenga la suela pegada con goma. El sudor de los piés disuelve parte de la goma, lo que puede iniciar la reacción alérgica. Hay comezón y escamación generalizada pero sin rajaduras ni costras entre los dedos. El tratamiento consiste en impedir que el niño continúe usando "sneakers" o zapatos de tenis. La mayoría de los niños y los adolescentes prefieren tolerar la molestia y seguir usando los zapatos de goma siguiendo la moda de sus compañeros. La crema de cortizona (Cortaid o Cortizone – 10) ayuda un poco. A medida que el niño crece habrá menos sudor y el problema desaparecerá.

El Mejor Consejo:

Las infecciones por hongo son comunes y no son causadas por suciedad. El hongo crece mejor en lugares húmedos y oscuros, por lo tanto, las afecciones por hongo mejoran al estar expuestas al aire fresco, sequedad y a la aplicación de uno de los medicamentos antihongo que se compran en la farmacia sin receta médica.

Enfermedad de las manos, piés y boca

Esta enfermedad es causada por una infección viral, lo cual ocurre por lo general en la primavera o el otoño. Los síntomas consisten de fiebre y pequeñas ampollitas sobre enrojecimiento de la piel. Estas ampollas se presentan en las manos y en la planta de los piés y hay pequeñas úlceras (como úlceras bucales) en la boca y garganta. El niño no se siente bien, no quiere comer y se pone de mal genio.

No hay tratmiento. Administre líquidos, controle la fiebre con Tylenol (acetaminophen) y el tiempo lo terminará de curar.

Lesiones a la cabeza

Los niños continuamente se caen o se pegan contra objetos lastimándose la cabeza. Las lesiones de la cabeza son por lo general menores y no muy serias.

Casi inmediatamente después de lastimarse aparece una hinchazón sobre la frente o el cuero cabelludo donde el niño se golpeó.

Este moretón hinchado (chichón), se forma por la sangre acumulada entre la piel y el hueso.

Si no hay confusión, pérdida de memoria o pérdida de conocimiento, no hay nada de qué preocuparse. Es un moretón y desaparecerá dentro de pocos días.

Si la lesión a la cabeza es más severa, pudiera haberse lastimado el cerebro. Se llama entonces concusión cerebral. Puede presentar dolor de cabeza, vómito, confusión, pérdida de memoria y pérdida de conocimiento.

El niño que se lastima la cabeza debe ser observado cuidadosamente por venticuatro horas después de haberse lastimado, para verificar que no hayan cambios en su estado mental.

Las concusiones varían de leves a severas

- La concusión leve: No hay pérdida de conciencia o de memoria, pero el niño puede sentirse confuso por un rato. El niño debe ser observado cuidadosamente por venticuatro horas para ver si hay algun cambio en su comportamiento. Una hora después de lastimarse, el niño puede regresar a su actividad normal.

- La concusión moderada: No hay pérdida de conocimiento pero sí leve pérdida de la memoria y el niño se siente confuso. Llame a su médico para saber si es necesario llevarlo al consultorio. Puede presentar vómito. Mantenga al niño quieto y obsérvelo cuidadosamente por venticuatro horas, (despiértelo cada hora en la noche). Observe si hay algún cambio en su comportamiento y si el niño está o no alerta. No deje que el niño haga ninguna actividad fuerte por una semana.

• Concusión severa: Hay pérdida de conocimiento. Es una emergencia. Llame a la ambulancia o lleve al niño a un centro de urgencias.

El Mejor Consejo:

La mayoría de las lesiones a la cabeza no son graves, pero es necesario observar al niño la primeras venticuatro horas. Si presenta vómito, confusión, pérdida de memoria o pérdida de conocimiento, llame a su médico.

Dolores de cabeza

Los dolores de cabeza ocurren a temprana edad, pero nosotros no lo sabemos hasta que el niño nos lo puede decir. En el niño pequeño, las infecciones virales o por bacteria son causas comunes de dolor de cabeza.

Algo para recordar:

• Los ojos casi nunca causan dolor de cabeza.

• Los senos frontales nunca causan dolor de cabeza en infantes o en niños pequeños.

En los niños podemos separar los dolores de cabeza en tres categorías principales: De origen orgánico, vascular y por tensión.

Dolor de cabeza orgánico

Cuando hay algo adentro de la cabeza que ocupa un espacio. Un tumor cerebral, un quiste, abnormalidad a los vasos sanguíneos o retención de aqua en el cerebro (hidrocefalia) pueden ser la causa del dolor de cabeza.

Este dolor de cabeza es causado por presión. Está presente en la mañana, puede durar todo el día y con frecuencia el niño vomita aún sin tener náuseas. El niño puede por un rato, sentirse mejor al vomitar. Los dolores de cabeza causados por presión empeoran progresivamente hasta que se remueva lo que los está ocasionando.

Estos dolores de cabeza son muy escasos. Cualquier dolor de cabeza mañanero, persistente y con vómito, necesita de atención médica urgente.

Dolor de cabeza vascular

Estos dolores de cabeza incluyen las migrañas. El dolor es severo, palpitante, episódico y con frecuencia viene junto con náusea y vómito. El dolor se presenta en uno o ambos lados de la cara. Los medicamentos para el dolor ayudan un poco pero lo mejor es descansar en un cuarto oscuro y dormir por unas cuantas horas. Una vez el dolor desaparece, el niño se siente completamente bien hasta que le comience el próximo dolor de cabeza.

El dolor de cabeza vascular es hereditario. El dolor es causado por los vasos sanguíneos del cerebro que se abren y se estrechan. En la mayoría de los pacientes el descanso, junto con la medicina Tylenol (acetaminophen) que se compra sin receta médica, es el tratamiento preferido. Si los ataques son muy seguidos, su médico puede recetarle medicamentos preventivos diarios que, por lo general, trabajan bien.

Dolor de cabeza por tensión

Estos dolores de cabeza son muy comunes en los niños. El dolor de cabeza se siente como una presión o banda alrededor de la cabeza.

Los dolores de cabeza por tensión vienen y se van, pero nunca se quitan completamente. El niño le dirá que el dolor de cabeza siempre esta allí, que nunca se quita completamente. Este dolor empeora con el estrés y en la noche. No produce vómito. Los músculos de la nuca, espalda y hombros de estos niños se sienten tensos y adoloridos. El dolor se debe a tensión de los músculos del cuero cabelludo. Estos músculos tensos, forzan la sangre fuera del cuero cabelludo. La falta del fluido de sangre reduce el oxigeno de los tejidos causando el dolor.

Los dolores de cabeza por tensión con frecuencia mejoran con medicamentos simples como Tylenol (acetaminophen) o Advil o Motrin (ibuprofen). Proporciónele el ambiente calmado y agradable. Actividades estresantes como las clases de música, deportes y las presiones de la escuela pueden ser las causas. Ocasionalmente debe simplificarse el itinerario de actividades por un tiempo. Los dolores de cabeza por tensión pueden recurrir y pueden durar intermitentemente por años. Los dolores de cabeza por tensión no impiden que el niño lleve una vida normal.

El Mejor Consejo:

Si su niño tiene un dolor de cabeza persistente, consúltelo a su médico.

Hepatitis

La hepatitis es una enfermedad viral común y la hay de varios tipos.

Hepatitis – A

Este es el tipo de hepatitis más común, que contraen los niños con frecuencia sin enfermarse mucho. Se contagia por contacto de la materia fecal con la boca. Presenta síntomas de náusea, fatiga, debilidad, orina oscura, ojos amarillos y quejas de no sentirse bien. Después de una semana, el niño lentamente se va sintiendo mejor hasta que se recupera.

La gamaglobulina inyectada (producto que su médico tiene en el consultorio), puede prevenir la infección del resto de la familia si se aplica entre los primeros catorce días de haber sido expuestos a esta enfermedad viral.

Es también la forma común de hepatitis que amenaza las personas que viajan al estranjero, especialmente a países del Tercer Mundo. La combinación de malos hábitos sanitarios con alimentos que no han sido cocidos completamente se convierten en un alto riesgo para el viajero.

La gamaglobulina inyectada antes de viajar le da inmunidad por tres meses o más dependiendo de la dosis recibida. Puede también aplicarse la vacuna de Hepatitis – A .

Hepatitis – B

Este es un tipo de virus diferente, que se transmite principalmente por intercambio de sangre y líquidos del cuerpo: contacto sexual, uso intravenoso de drogas y productos de sangre o plasma. Las mujeres embarazadas que contraen el virus pueden transmitir e infectar a sus bebés. Sinembargo, el 20 al 30 porciento de las infecciones no tienen un factor de riesgo identificable y no sabemos cómo se infectan estas personas.

Muchas de las personas infectadas con el virus de Hepatitis – B se recuperan, pero un gran número de ellas se convierten en portadores crónicos, transmitiendo el virus. Eventualmente la hepatitis crónica puede causar daño al hígado y también es la causa principal de cáncer al higado más tarde en la vida.

La Hepatitis –B se transmite principalmente entre los grupos de adolescentes y jóvenes adultos. La educación sobre comportamientos de mucho riesgo como el abuso de la droga y las relaciones sexuales sin protección es importante pero, por lo general, tienen poco impacto en prevenir estas actividades. Hay una vacuna efectiva y segura que todos los niños (especial-mente adolescentes) deben aplicarse para recibir protección contra esta enfermedad virulenta.

Hepatitis – C

Esta enfermedad no es común en niños. Probablemente se transmite como la Hepatitis – B. Es la causa común de enfermedad crónica al hígado y no hay tratamiento ni vacuna disponible en este momento.

Enfermedades de clima caliente/quemaduras por el sol

El sol es peligroso. A los niños, debido a que son pequeños, les afecta el sol y el clima caliente más rápidamente. Cuide mucho a su niño en los meses calientes de verano.

Los rayos ultravioleta del sol hacen daño a los ojos. A la edad del primer año, su niño ya debe usar gafas para el sol con la protección "UV-400n" ó "máxima protección 99% UV" ó "conforme requisitos ANSI UV".

La exposición directa o indirecta a los rayos solares, causa quemaduras externas en la piel. La piel enrojece, duele y se forman pequeñas ampollas.

Las quemaduras de piel en la niñez son asociadas con el melanoma, una forma de cáncer fatal que ocurre años después al llegar la persona a la edad madura. Otros tipos de cáncer de piel que se presenta en los adultos, también están relacionados con exposiciones previas al sol.

Tetraciclina (tipo de antibióticos), pone la piel más sensible a los rayos solares, quemándola más rápidamente. Si su hijo adolescente está tomando tetraciclina para el acne, insista en que el/ella tengan mucho cuidado con el sol.

Es importante prevenir las quemaduras de sol: Use un protector solar (SPF 15 o más) y proteja el cuerpo del niño cubriéndole con camisa de manga larga, gorra o sombrero. Después de nadar, vuelva a aplicarle el protector solar.

En los infantes use un protector solar anti-alérgico. No lo aplique cerca de la boca ni en los dedos de la mano porque se los puede chupar. Tenga cuidado especial de proteger a su bebé del sol cuando el/ella esté sentado en el asiento del carro cerca a la ventana.

Una vez la piel se haya quemado, no hay mucho que se pueda hacer. Haga que su niño se sienta cómodo aplicándole compresas frías y dándole Tylenol (acetaminophen).

Los calambres por calor dan dolores en la pantorrilla u otros músculos del cuerpo y se presentan después de hacer ejercicio o actividades fuertes cuando está haciendo mucho calor. Haga descansar al niño en un lugar sombreado, y dele a tomar muchos líquidos.

Aún más seria es la condición de agotamiento por calor y la insolación. Para identificar y comenzar tratamiento en cualquiera de estos padecimientos, es necesario un termómetro para tomar la temperatura del niño o del adolescente.

El agotamiento por calor se produce cuando el niño ha sudado mucho, perdiendo mucho líquido y la sal del cuerpo y no está bebiendo lo suficiente para reemplazar lo perdido. El niño se encuentra desanimado, pálido o colorado, puede vomitar, sentirse mareado y desmayarse. La temperatura es un poco alta, pero menos de 105°F.

El tratamiento consiste en desacalorar al niño inmediatamente y darle a beber mucho líquido. Es importante observar la temperatura cuidadosamente para que no continúe subiendo. Si acaso hay alguna duda, llame a su médico. Si la temperatura baja, continúe dando líquidos y al sentirse más fresco el niño comenzará a sentirse mejor.

La insolación es un estado de emergencia. La temperatura pasa de los 105.8° F y sigue subiendo rápidamente. La piel está seca y caliente. El niño se siente confuso e irritable. Debe proceder a desacalorarlo con agua helada y hielo, dándole a beber líquidos si el niño los puede tomar. Cuanto antes, lleve al niño a un centro de urgencias donde le darán más tratamiento. Si la insolación no se atiende a tiempo puede ocurrir daño al cerebro, hasta la muerte.

El Mejor Consejo:

Sea cuidadoso con el sol y el clima caliente. Proteja a su niño de las quemaduras de sol para evitarle en el futuro cáncer de la piel. Dele a tomar mucho líquido y evite las actividades forzadas (especialmente los deportes en grupo) cuando el clima esté muy caliente. Tenga el termómetro en un sitio donde siempre lo pueda encontrar.

Enfermedad de Lyme (fiebre manchada de montañas rocosas)

Esta es una enfermedad infecciosa que preocupa a muchos padres de familia. La enfermedad de Lyme es causada por una espiroqueta (borrelia burgdorferi), gérmen que bajo el microscopio tiene forma de "abrecorcho". La enfermedad de Lyme es transmitida a los humanos por la picadura de la garrapata de venado. Estas garrapatas son muy comunes en la Costa Este, pero también viven en los bosques del Oeste y Noroeste de los Estados Unidos.

Cuando la persona se infecta, se le forma un círculo de sarpullido rojizo alrededor de la picadura. Este sarpullido crece tomando la apariencia de diana (ojo de buey). El sarpullido puede durar semanas o meses. También presenta síntomas parecidos a los de la influenza: fiebre, escalofríos, malestar, dolor en los ojos, náusea, vómitos y fatiga. La recuperación es lenta. Muchas de las personas infectadas desarrollan artritis, problemas al corazón o dificultades neurológicas. Estos pueden ocurrir semanas o meses después.

El diagnóstico y tratamiento oportuno con antibióticos acortan el curso de la enfermedad, pero pueden sin embargo ocurrir complicaciones tardías. En el momento no hay una prueba buena y rápida de laboratorio para detectar la enfermedad de Lyme.

La prevención es importante: Cuando sus niños estén en el monte o en campamento, deben usar camisa de manga larga, pantalón largo, calcetines altos y usar un repelente de garrapatas que se puede conseguir en algunas farmacias y tiendas de deporte y campamento.

Las garrapatas son pequeñas y se agrandan a medida que se van llenando de sangre. Una vez la garrapata infectada esté prendida de la piel chupando sangre, se necesitarán venticuatro horas o más para transmitir la infección a su niño.

Después de que su familia vaya al campo o vayan de campamento, inspeccione a los niños y a usted mismo por si tienen alguna garrapata prendida.

No hay una manera "ideal" para quitarse las garrapatas. Si se encuentra una garrapata en el cuerpo, cuidadosamente trate de arrancarla con unas pinzas de ceja, teniendo cuidado de que salga también la cabeza.

El Mejor Consejo:

No dejen de ir a campamento o hacer otras actividades al aire libre por miedo a la enfermedad de Lyme; simplemente tenga cuidado. No le dé pánico si se encuentra en el cuerpo una garrapata. Quítesela. Si le preocupa, llame a su médico.

Hemorragias nasales

Las hemorragias nasales son comunes en los niños. Hay muchas causas que las producen, pero la más común es por alergia nasal. Se forma en el niño una pequeña excema (irritación seca con costra) a lo largo del tabique divisor de la nariz. El niño se la rasca; se frota la nariz agrietándose la piel y por consiguiente comenzando a sangrar.

No haga lo siguiente:

- No haga que el niño se acueste porque la sangre entonces drena directamente de la garganta hacia el estómago.

- No aplique hielo o paños de agua fría en la nariz o en la frente. Esto ayuda muy poco o acaso nada.

Usted puede suspender casi todas las hemorragias nasales haciendo que su niño se siente derecho, con la cabeza hacia adelante y la nariz señalando hacia abajo. Tome un puñado de pañuelos desechables y haga que el niño se suene la nariz. (Todos los cóagulos blandos deben ser expulsados). Luego, usando su dedo pulgar y el índice, apriete la nariz del niño firmemente. Haga que respire por la boca y siga apretándole la nariz por un mínimo de quince minutos. Esta presión hará que se forme una costra pequeña que se adhiere firme, en vez del coágulo blando y grande que se va a desprender.

Para prevenir futuras hemorragias nasales, aplique un poquito de Cortaid (.5 porciento cortisone) o Cortizone – 10 (1 porciento cortisone) en cada una de las fosas nasales. Suavemente úntela dentro de las fosas nasales un par de veces al día. Haga esto por unos días y luego sólo necesitará hacerlo dos o tres veces a la semana. Para la típica hemorragia nasal por alergia, esto trabaja tan bién o mejor que la cauterización nasal.

Ojos enrojecidos (conjuntivitis)

Las infecciones a los ojos son comunes y la mayoría de los niños las padecen. Por lo general, la causa es por bacteria o virus. La parte blanca del ojo y lado interno de los párpados se enrojecen, drenando una materia liquida transparente o amarillenta. Los ojos duelen, el niño se frota la cara y los ojos. Rápidamente se riega la infección al otro ojo, como también a los ojos de los hermanos, hermanas y padres del niño si no se le lavan bién las manos para evitar el contagio.

Es casi imposible diferenciar entre conjuntivitis por bacteria o por virus, haciendo necesario el uso de antibiótico en forma de gotas para los ojos. También puede tratarse con antibiótico oral.

Aproximadamente el 80 porciento de los infantes y niños pequeños tienen infección de oído asociado con la conjuntivitis. Por eso a esta edad, el niño tiene que ser revisado por el médico. Si el niño llegará a tener infección de oído al mismo tiempo, las gotas oftálmicas por sí solas no obran y es necesario la administración de antibióticos por vía oral.

Pulmonía (neumonía)

Las infecciones virales de las vías respiratorias superiores, (resfriados y tos) son comunes en los niños. Las infecciones virales cambian el estado normal de los pulmones facilitando el crecimiento de la bacteria. Pulmonía es el crecimiento de bacteria o virus en los pulmones.

Hay tres tipos comunes de pulmonía.

Pulmonía viral

La pulmonía con frecuencia es causada por una infección viral a los pulmones. Presenta refriado y tos por varios días y luego comienza la pulmonía. La edad más propensa para contagiarse de pulmonía viral es a los dos o tres años. La mayoría de las pulmonías virales son causadas por RSV, virus parainfluenza, adenovirus y enterovirus.

Con frecuencia hay tos y puede haber aceleración o dificultad al respirar. La temperatura puede variar y el niño puede no aparentar estar muy enfermo. Pudiera ser difícil diferenciar la pulmonía viral de la pulmonía por bacteria o micoplasma. Los antibióticos no trabajan. El tratamiento consiste en controlar la fiebre, hacer uso del humidificador, medicina expectorante para la tos y esperar hasta que se quite.

Pulmonía por bacteria

La pulmonía por bacteria comunmente sigue a las infecciones virales de los pulmones. El neumococo es la causa por bacteria más común en la pulmonía. La fiebre repentina, escalofríos y tos, síntomas comunes en niños mayores, pueden no estar presente en los infantes y niños pequeños.

Por lo general hay tos y fiebre baja que repentinamente sube a 103° F o más. El niño puede aparentar estar bastante mal (Ver Cómo Saber Si Su Niño Está Realmente Enfermo, pág. 21). Se eleva el conteo celular blanco y se notarán cambios en las radiografías del pecho. El tratamiento consiste en administrar antibióticos. Si el niño es algo mayor y no está demasiado enfermo, es posible darle tratamiento adecuado en casa y no tener que hospitalizarlo.

Pulmonía por micoplasma

Micoplasma es un organismo que no es virus pero tampoco una verdadera bacteria, (es algo entre el uno y el otro). El micoplasma es causa frecuente de bronquitis y pulmonía en los niños y especialmente en los adolescentes.

Anteriormente se le llamaba a este padecimiento "pulmonía ambulante". El niño o adolescente puede no estar muy enfermo, haciendo sus actividades normales aunque sintiéndose cansado y con tos. Esta infección puede durar por varias semanas antes de comenzar a mejorar por sí misma. El antibiótico eritromicina mejora rápidamente la pulmonía por micoplasma.

El Mejor Consejo:

Las pulmonías son bastante comunes en los niños. Por lo general son causadas por infecciones virales y no son demasiado serias. Todo niño que se ve enfermo, padezca de tos y fiebre alta, debe ser llevado al médico.

Hierdra venenosa, zumaque venenoso

Esta erupción molesta, aparece por contacto directo con las plantas y puede causar problemas en niños susceptibles a ellas.

La prevención es importante. Cuando el niño salga a jugar en el monte, hágale poner pantalón largo y camisa de manga larga.

Apenas el niño presente el sarpullido de puntos rojos con ampollas, báñelo y lave toda su ropa para que no haya más contagio de sarpullido.

La pomada de cortisona (Cortaid) ayuda a controlar la comezón como también el Benadryl (diphenhydramine hydrochloride), antihistamínico que se administra por vía oral. Ambos pueden comprarse en la farmacia sin receta médica. Una vez el sarpullido y la comezón están presentes, el proceso continúa por dos, cinco o más días aún con tratamiento. En casos muy severos el médico pudiera ver la necesidad de recetar un medicamento de esteriode oral.

Astillas

A los niños con frecuencia se les entierran astillas especialmente en el verano cuando juegan afuera. La mayoría de las lesiones por astilla son superficiales, la astilla apenas se entierra en la capa superior de la piel en las manos o en los piés.

Si parte de la astilla está al descubierto se puede sacar fácilmente. Si la astilla le molesta al niño y está debajo de la piel pudiéndose ver, esterilice la punta de una aguja o de un seguro (caliente la punta al rojo vivo en una llama para destruir la bacteria) y urgue con ella tratando de sacar la astilla.

También hay ocurrencia de astillas más profundas. Son dolorosas y el niño le dirá que siente algo. Si la astilla profunda tiene una punta afuera, con mucho cuidado trate de sacarla en la misma dirección que penetró la astilla. Cuidado con quebrarla y dejar la punta enterrada.

Si la puede sacar y parece estar entera, sumerja el área afectada en agua con jabón caliente por unos minutos y aplique una pomada de antibiótico (Neosporin o Polysporin). Haga esto varias veces al día por varios días para prevenir una infección.

Asegúrase que su niño tenga la vacuna contra el tétano vigente (Ver también Inmunizaciones, pág. 15). Si el área se hincha y enrojece, seguramente parte de la astilla esta aún dentro y es necesario llevar el niño al médico. Ocasionalmente la astilla esta tán profunda que es imposible sacarla completamente. El tratamiento más adecuado es remojar el área afectada en agua con jabón caliente varias veces al día. La mayoría de las veces este pedacito de astilla sube a la superficie de la piel y sale por sí solo pasados unos días o semanas.

El Mejor Consejo:

Las astillas son comunes y la mayoría de las veces no presentan problema. Si la astilla se parte, quedando parte de ella adentro, es indicado remojar la parte afectada. Ocasionalmente el médico tiene que entrar y sacar el pedacito de astilla o recetar antibióticos para prevenir una infección.

Dientes, lesiones a los

Los dientes con frecuencia se lastiman durante el crecimiento. El niño se cae, se pega contra un objeto o tiene en la boca algo duro cuando se cae. Esto puede aflojar los dientes, enterrarlos en las encías o tumbarlos completamente.

La mayoría de los "dientes de leche" que se lastiman y aflojan vuelven a pegarse de la encía y terminan bien.

Muchos de los dientes lastimados se ven normales al principio y luego se ponen de color oscuro. Esto indica que el diente está muerto.

Los dientes de leche muertos permanecen en su lugar casi siempre y funcionan perfectamente. Ellos son la guía para espaciar los dientes que vienen detrás y deben dejarse quietos. Ocasionalmente el diente puede infectarse. Aparece en la encía, directamente encima del diente un absceso gingival, bultico rojizo, pequeño que drena pus y no causa dolor.

Si esto sucede su médico le recetará antobiótico y recomendará la extracción del diente.

Si la lesión es tal que le tumba el diente por completo, especialmente si es un diente "permanente," trate de encontrar el diente y llame inmediatamente a su dentista. Mientras tanto, el sitio ideal para el diente es entre saliva, en su boca si el niño es pequeño o en la boca del niño si este es ya mayor y no se lo va a tragar. La mayoría de los dentistas saben cómo implantar el diente nuevamente en la encía. De esta manera se puede salvar el diente.

El Mejor Consejo:

Las lesiones a los dientes son comunes y por lo general todo sale bién al final. Hable con su dentista si no ve los dientes normales, si estan flojos y si se le ha caído el diente y usted por fortuna lo tiene a mano.

Tuberculosis

La tuberculosis es una infección por bacteria que había sido erradicada casi totalmente de los Estados Unidos hasta hace poco. En el momento, la ocurrencia de esta enfermedad está incrementando.

La tuberculosis es una enfermedad muy seria que se contagia de persona a persona por medio de la tos. La persona que contagia debe tener una lesión (cavidad) abierta en los pulmones para poder transmitir el germen TB. Una vez la bacteria TB entra en los pulmones del niño, la bacteria se establece y a la vez es contenida por el sistema inmunológico del niño formando una pared de tejido fibroso alrededor de la bacteria. Esto previene que la bacteria se disemine por todo el cuerpo. La bacteria permanece dormida, pero viva, indefinidamente.

En cualquier momento que haya bacteria TB viva en el cuerpo, la prueba TB de la piel (PPD) sale positiva después de seis semanas y permanece positiva. Es una excelente prueba de detección para saber quien ha sido infectado.

Clínicamente el niño se siente bién, su estado no es contagioso y no presenta síntomas. A esto se le llama tuberculosis primaria. Las radiografías del pecho salen normales y el diagnóstico se hace con la prueba TB de piel (Ver PPD, pág. 19). Para cerciorarse de que la bacteria TB permanezca contenida, el médico tratará a su niño con medicamento anti-TB (por vía oral) por seis a nueve meses. Su niño no está en estado contagioso en este período de tiempo y debe continuar haciendo su vida normal.

La fuente de contagio es frecuentemente un miembro de familia con tos crónica que tiene contacto con el niño. Si su niño tiene TB primaria, toda la familia debe someterse a la prueba de TB o radiografías del pecho. Con frecuencia la persona infectada no se puede encontrar; entonces debe asumirse que el niño fué expuesto a esta enfermedad fuera del entorno familiar.

Ocasionalmente si se ha inhalado mucha bacteria y las resistencias del niño estan bajas, se inicia una activa infección contagiosa. Se presenta pulmonía (se notan cambios en las radiografías del pecho) y el niño se ve clínicamente enfermo con fiebre, pérdida de peso y estado letárgico. A esto se le llama tuberculosis activa. No son frecuentes las cavidades a los pulmones en niños menores de trece años y aún más, aunque tengan la enfermedad activa, no son contagiosos. El gérmen de la TB puede regarse de los pulmones a los huesos, al cerebro o a cualquier parte del cuerpo.

El Mejor Consejo:

Si su niño tiene la prueba de TB positiva no es el fin del mundo. Probablemente su niño tiene TB primaria, tendrá que tomar medicamento oral y puede continuar su vida con toda normalidad.

Torceduras y esquinces

Las lesiones de hueso y coyuntura son comunes en los niños. Recuerde: Descanso, Hielo, Compresión y Elevación. Aplique hielo y haga compresión con la banda elástica. Alterne la aplicación de hielo con la aplicación de presión cada treinta minutos. Esto ayuda durante las primeras cuarenta y ocho horas.

Pasado este tiempo conviene aplicar calor. Si el dolor continúa, si hay mucha hinchazón o si algo no parece estar bien, pudiera tener un hueso quebrado. Llame a su médico.

Oido de nadador (otitis externa)

El padecimiento de "oído de nadador" es una infección al canal del oído. Se presenta más en los meses de verano cuando los niños nadan y se les introduce agua dentro del oído. Trate de prevenir la infección enjuagando los oídos del niño con una mezcla de alcohol de frotar y vinagre blanco.

Mezcle en una botella dos tazas de alcohol con dos o tres cucharadas de vinagre blanco. Cuando su niño sale del agua, enjuáguele ambos oídos con esta mezcla. Llene el oído hasta el tope y haga que se vacíe completamente. La mezcla de alcohol con vinagre absorbe el agua y a medida que se evapora deja seco el canal del oído.

Si su niño tiene dolor de oído y empeora especialmente al jalarle la oreja, el niño debe suspender la natación. Enjuague los oídos tres o cuatro veces al día con la mezcla de alcohol con vinagre. Si después de unos días esto no le ha ayudado, vaya donde su médico.

Dolor en los testículos

El dolor testicular es común en los niños varones después de lastimarse. Pueden presentar hinchazón y enrojecimiento. El descanso, hielo y un buen suspensorio es por lo general lo indicado. Los adolescentes y pre-adolescentes también pueden presentar dolor en los testículos por infección. Hay hinchazón lenta y progresiva, dolor moderado y enrojecimiento de la bolsa testicular. Con frecuencia es necesario visitar a su médico para que le recete antibiótico.

Niños en esta edad también pueden padecer de algo llamado torción testicular. El testículo cuelga de una cuerda y si no está adherido sólidamente al escroto (bolsa), se enrolla sobre sí mismo en la cuerda. Esto corta el flujo de sangre a los testículos. Típicamente el niño se queja de dolor repetino, agudo, que no cesa en los testículos. La parte involucrada de la bolsa testicular se pone roja, dura e hinchada. Puede ocurrir antes o después de hacer ejercicio, al dormir o en cualquier momento. Si el testículo no se desenrolla permitiendo el flujo de sangre hacia él, el testículo se muere.

Si su niño varón se queja de dolor testicular repentino y severo, es una emergencia de verdad. Llame a su médico para que lo revise inmediatamente o llévelo a un centro de urgencias. El testículo tiene que ser intervenido quirúrgicamente pare poder salvarlo.

Tumores en los testículos

Los tumores a los testículos son bultos indoloros que crecen lentamente. Los tumores testiculares son con frecuencia malignos; por su localización son fáciles de palpar y la probabilidad se curación es excelente si se detectan tempranamente. Son más comunes en la adolescencia y antes de cumplir los veinte años. Cualquier bulto en los testículos debe ser revisado inmediatamente por su médico. Cuando su hijo entra en la pubertad, pídale al médico que le enseñe a examinarse él mismo los testículos cada mes. Consejo de medicina preventiva!

Vómitos y diarrea (gastreoenteritis)

La gastreoenteritis es un inflamación de las paredes del estómago y del intestino; frecuentemente comienza con dolor de barriga, vómitos y/o diarrea. Puede presentar fiebre y otros síntomas parecidos a la influenza o gripe. Si su niño no está vomitando y sólo presenta movimientos fecales flojos, continúe dándole una dieta de alimentos sin especies y haciéndole beber mucho líquido. Después de varios días los síntomas con frecuencia cesan y el niño se sentirá mejor nuevamente.

Si el niño comienza a vomitar, suspenda todo y dele cantidades muy pequeñas (una o dos cucharaditas) de líquidos claros cada quince minutos. Puede dar sodas sin gas, Gatorade, jugo de manzana, paletas, o comprar Pedialyte (suero) ó Ricelyte en la farmacia. La Coca-Cola Clásica sin gas a veces suspende el vómito cuando nada más ha servido. Apenas deje de vomitar, comience a dar cantidades muy pero muy pequeñas de alimento sin especies cada cierto tiempo.

El Mejor Consejo:

La mayoría de las gastroenteritis pueden tratarse bien en casa. Es preferible dar al niño con vómito una cucharadita de líquido sin que la devuelva, que darle una onza y que la vomite.

Si el vómito continúa o si su niño se ve enfermo, es hora de llamar al médico.

Verrugas

Las verrugas son comunes y son causadas por virus. Casi todo niño tendrá una que otra verruga en algún tiempo o momento. Las verrugas pueden ser repugnantes y apenar al niño.

- Las verrugas se diseminan por contacto y se multiplican al ser irritadas.

- Las verrugas simples se forman por lo general en los dedos, manos, codos y rodillas.

- Las verrugas planas ocurren en la cara y en el cuello.

- La verruga plantar aparece en la planta de los piés.

Todas las verrugas son auto-destructivas: siempre desaparecen por sí solas aunque se demoren varios años.

Las verrugas son inofensivas. Nunca son causa de cáncer u otros problemas serios de salud. Sinembargo, las verrugas plantares pueden ser dolorosas puesto que son de consistencia dura y caminar sobre una de ellas es como caminar sobre algún objeto.

El dermatólogo puede remover las verrugas con nitrógeno líquido, por congelamiento. Este sistema es bastante efectivo pero costoso.

Cualquiera de las muchas medicinas para verrugas que se encuentran en la farmacia sin receta médica sirven para acabar con las verrugas.

(Ver también medicamentos para la Verruga, pág. 180).

El Mejor Consejo:

Las verrugas son inofensivas. Aún sin hacerles nada, eventualmente desaparecerán.

Dieciocho

Su Niño y las Medicinas

Habrá ocasiones en que usted conserva medicamentos para su niño, ya sean recetados por el médico o comprados en la farmacia sin receta médica. A continuación algunos hechos que debe usted saber.

Antibióticos

Estos medicamentos se recetan cuando su niño tiene una infección bacterial. Los antibióticos son substancias que imitan los nutrientes naturales que la bacteria consume. El antibiótico penetra en la corriente sanguínea, la bacteria cree que es alimento y la consume para su crecimiento y multiplicación. Una vez dentro de la bacteria, algunos antibióticos son muy eficaces y actúan de manera rápida. Otros antibióticos, no destruyen la bacteria pero sí impiden su multiplicación; esto permite que las defensas naturales del organismo se mobilicen y destruyan la bacteria. Estos antibióticos no son tan eficaces, pero en el uso práctico trabajan casi tan bién como los otros.

Si su niño está enfermo con una infección bacterial pero la bacteria no consume el nutriente que el antibiótico recetado trata de imitar, entonces el antibiótico no trabaja. Se necesitará otro. Esto no quiere decir que el primer antibiótico no obró en el niño, sino que la bacteria causante de esta infección no fué afectada por dicho antibiótico. El mismo antibiótico puede trabajar bien en la próxima enfermedad cuando la causa sea por otro tipo de bacteria.

Los antibióticos no destruyen el virus y no deben recetarse para tratar infecciones virales.

Cada vez que se usa antibiótico, destruye primeramente la bacteria más débil. Las más resistentes demoran más tiempo en ser eliminadas. Si se suspende el antibiótico antes de tiempo, la bacteria más resistente, habiendo sobrevivido, puede acostumbrarse a este antibiótico en particular; por lo tanto, la próxima vez que se use este mismo antibiótico, pudiera no trabajar. Esta es la razón por la cual es tan importante que el niño termine de tomar todo el antibiótico, y a la vez evitar que la bacteria más resistente sobreviva causando futuras infecciones aún más resistentes.

Como las diferentes infecciones necesitan diferentes tipos de antibiótico, su médico no debe recetar dicha medicina sin antes ver al niño. NO es buena práctica médica recetar antibióticos por teléfono.

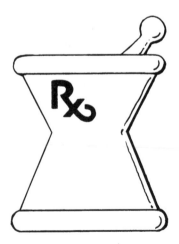

El Mejor Consejo:

No pida que su médico recete antibióticos al niño sin antes verlo. Asegúrase de que su niño termine TODO el antibiótico recetado, aunque él o ella se sientan bien antes de terminarlo completamente.

Drogas genéricas

Las drogas genéricas son "copias" de drogas con nombres de marca, producidas y experimentadas por compañías de drogas y aprobadas para su uso por agencias independientes del gobierno. Como las drogas genéricas no requieren de investigación o experimentación, son por lo general más baratas que las "originales". El único requisito es que deben tener la misma composición química. Pueden no parecerse a las originales o pueden no tener el mismo sabor. La mayoría de las drogas genéricas incluyendo los antibióticos, trabajan más o menos tan bién como las investigadas y experimentadas. Lo que sí sabemos es que algunas drogas genéricas para el corazón y la epilepsia, aunque químicamente son iguales a las originales, no trabajan tan eficientemente en el cuerpo.

Si su compañía de seguros recomienda drogas genéricas, pídale a su médico verificar si esta droga substituta le va a trabajar adecuadamente.

El Mejor Consejo:

Si el farmacéutico le da un medicamento genérico, pregunte si su médico lo ordenó específicamente de marca genérica.

Medicamentos, fechas de expiración

Todos los medicamentos por ley, tienen que tener fecha de caudicacion. Esto implica que el medicamento no sirve pasada esa fecha de caudicacion. Esto es cierto en los antibióticos líquidos mezclados por el farmacéutico; también es cierto en el antibiótico Tetraciclina en forma de cápsula o píldora. La mayoría de los otros medicamentos tales como medicinas para la tos, antihistamínicos, medicinas para el asma, pomadas – aunque pueden perder algo de su potencia, en realidad permanecen en buena condición de uso por un buen tiempo pasada la fecha de expiración.

Con el alto costo de medicamentos hoy en día, no echen a la basura drogas con caudicacion reciente. Si su médico le cambia el medicamento, guarde en el refrigerador las cápsulas o píldoras que le sobraron, (menos tetraciclinas) en un frasco con seguro para niños. Pregunte a su médico si en caso de necesitarlo más adelante, puede usar el mismo medicamento.

Diecinueve

Medicamentos Más Comunes

A continación la lista de los medicamentos más comunes que puede llegar a necesitar. La mayoría de ellos se pueden comprar sin receta médica.

Medicamentos para el dolor o la fiebre

Los analgésicos y antipiréticos son medicamentos que se usan para tratar el dolor y para bajar la temperatura en caso de que haya fiebre.

Años atrás, se recomendaba dar aspirina para aliviar la fiebre o el dolor, pero hoy en día se asocia ésta con el síndrome de Reye, enfermedad poco frecuente pero mortal que afecta el hígado y el cerebro; por lo tanto, no es recomendable dar a los niños aspirina.

Acetaminophen es un analgésico/antipirético común; se encuentra bajo los nombres de marca Tylenol, Tempra y Liquiprin. Cualquiera de estos tres medicamentos le sirven; además vienen en forma de gotas para bebé, en líquido por cucharaditas o en pastillas masticables. Los hay también para adultos en forma de tableta y de marcas genéricas.

Ibuprofen es otro analgésico/antipirético común. Advil para Niños en líquido y Motrin para Niños en líquido o masticable son nombres de marca de ibuprofen.

Por ahora, Advil de Niños sólo se consigue sin receta médica. Para los niños un poco mayores y para los adolescentes se consigue Advil en forma de tableta sin receta médica. Los de marca genérica se encuentran en forma de tableta.

Para los adolescentes se consigue naproxen de sodio de marca Aleve, en forma de tableta y sin receta médica.

Medicamentos para el resfriado/catarro

Estos son por lo general antihistamínicos, descongestionantes o una combinación de ambos. Estos productos secan la nariz y ayudan a controlar los estornudos.

Chlor-trimeton (chlorpheniramine maleate) y diphenhydramine hydrochloride son antihistamínicos; secan la nariz y controlan la comezón. Benadryl es una marca común de diphenhydramine hydrochloride.

Pseudophedrine es un descongestionante. Seca la nariz sin causar sueño al niño; (apropiado si el niño tiene que ir a la escuela). Sudafed es el nombre común de marca de pseudophedrine.

Triaminic (todos los colores), Pedia Care, Rondec, Dimetapp y Naldecon, son los nombres de marca para los antihistamínicos y descongestionantes combinados; son intercambiables y trabajan relativamente bién.

Muchos de los medicamentos contra el resfriado/catarro vienen ya con acetaminophen analgésico/antipirético incluído. No es buena idea usar estas combinaciones. Si su niño con catarro tiene además dolor y fiebre, dele la medicina para el catarro y el Tylenol (acetaminophen) por separado. De esta manera puede controlarse mejor la dosis necesaria de cada droga.

Medicamentos contra la tos

Por lo general los médicos recomiendan expectorantes. Estos aflojan la mucosidad y en vez de cortar la tos, inducen a que la misma tos expectore los mocos.

Robitussin (en todas sus formas) y Tussi-Organidin son expectorantes de marca que trabajan muy bién.

Si necesita medicina para controlar la tos en la noche, puede usar Delsym.

Medicamentos antiácidos y antigases

Estos medicamentos disminuyen los gases y pueden mejorar los dolores de estómago.

Para el cólico se recomienda simethicone. Phazyme o Mylicon en gotas son dos marcas de simethicone que pueden ser intercambiables.

Los nombres de marca Maalox Plus y Mylanta contienen simethicone además de antiácidos. Ambos vienen en forma de tabletas o en líquido y con frecuencia ayudan a disminuir el dolor/gas abdominal en niños de más edad.

Medicamentos para cortadas y raspaduras

Neosporin y Polysporin son pomadas de marca que contienen antibiótico (combinación de polymyxin B sulfate, bacitracin zinc, y neomycin) que trabajan bién en las infecciones de la piel causadas por cortadas o raspaduras.

Medicamentos contra hongos

Las pomadas clotrimazole y miconazole trabajan bién en infecciones por hongo. Lotrimin es el nombre de marca de clotrimazole y Micatin el de miconazole.

Medicamentos contra las alergias

Los medicamentos anti-inflamatorios como Cortaid (.5% cortisone) y Cortizone 10 (1% cortisone) trabajan bién en eczemas, piel seca y otras erupciones alérgicas.

El antihistamínico diphenhydramine hydrochloride con nombre de marca Benadryl, obra muy bién cuando hay comezón y también produce sueño en el niño. Es una buena medicina para dar al niño cuando tenga comezón, varicela, picadura de insectos y hiedra venenosa.

Medicamentos contra el acné

Benzoyl peroxide en forma de pomada Oxy-5, Oxy-10, Clearasil y otros nombres de marca, trabajan bastante bién como también los jabones antibióticos (triclosan) de estas mismas marcas. Ambos, la pomada y el jabón (use ambos) vale la pena ensayar antes de gastar más dinero en medicamentos con receta médica.

Medicamentos contra verrugas

Compound-W y Duo Film son dos marcas de medicamentos que trabajan como cualquier otro para acabar con las verrugas a menos que sean removidas quirúrgicamente por el médico.

Qué Debe Incluir en el Botiquín de Primeros Auxilios de su Hogar

Cada hogar debe tener una caja o botiquin (preferiblemente fuera del alcance de los niños o bajo llave) donde pueda guadar los siguientes medicamentos básicos o necesarios.

- Una lista con información de emergencia. (Ver página 184).

- Curas o bandas adhesivas. (Band-Aids).

- Bolitas de algodón.

- Hisopo o aplicador de algodón.

- Seguros y ahujas.

- Termómetro (de vidrio-mercurio o electrónico para uso oral o rectal).

- Pomada de antibiótico: Neosporin o Polysporin para raspaduras de la piel al vivo, pequeñas cortadas o quemaduras.

- Pomada anti-hongo: Micatin para erupción cutanea debido al pañal, pié de atleta o comezón por el uso de suspensorios.

- Medicina expectorante para la tos: Robitussin-DM para cuando su niño tenga tos.

- Un descongestionante nasal (Triaminic, Dimetapp o Sudafed): para usar en caso de resfriados o alergias.

- Un antihistamínico (Benadryl, en líquido o en cápsulas): para las ronchas, alergias o picadura de insectos.

- Un antiácido/antigas (Maalox Plus): para dolores de estómago no muy fuertes.

- Analgésico/Antipirético líquido (Tylenol): para dolor o fiebre en niños pequeños.

- Analgésico/Antipirético en tabletas (Tylenol): para dolor o fiebre en niños mayores y adultos.

- Jarabe de Ipecac (ipecacuana) en frasco de 1 oz. Induce a vomitar en caso de envenenamiento. NO lo use sin primero consultar a su médico o al Centro de Control por Envenenamiento.

- Una banda elastica de 2 pulgadas y otra de 4 pulgadas de ancho de marca Ace para torcedura de tobillos.

Recomendación Sobre el Número de Horas de Sueño que Necesitan los Bebés, los Infantes y los Adolescentes

Edad	Noche Horas	Siesta Horas	Total Horas
1 semana-1 mes	8-9	8	16-17
6 meses	10	4	14
9 meses-2años	11-12	2-3	13-15
3 años	10	2	12
5 años	11	0	11
9 años	10	0	10
14 años	9	0	9
16 años	7-9	0	7-9
18 años	7-8	0	7-8

El tiempo de sueño varía. Algunos niños necesitan dormir más que otros. Si le preocupa qué tanto tiempo debe dormir su niño, pregunte a su médico.

INFORMACION DE EMERGENCIA

Teléfonos de Emergencia: _____

Bomberos: _____

Policía: _____

Ambulancia: _____

Centro de Control de Envenenamiento:

_____

Centro de Control de Animales: _____

MEDICO

Nombre: _____

Dirección: _____

Teléfono: _____

HOSPITAL

Nombre: _____

Dirección: _____

Teléfono: _____

Mamá, teléfono en el trabajo: _____

Papá, teléfono en el trabajo: _____

Vecinos, Amigos y Familiares: _____

Nombre: _____

Teléfono: _____

Nombre: _____

Teléfono: _____

Instrucciones: *Fotocopie esta página dos veces, llene las dos copias y pegue una copia a el refrigerador u otro sitio facil de encontrar, hágasela notar a la niñera y ponga la otra copia en su botiquín de Primeros Auxilios.*

Manual Pediátrico Para Los Dueños Del Nuevo Bebé

Historia Médica Familiar

La genética juega un papel súmamente importante en nuestra salud en general. Anote aquí cualquier problema serio de salud que haya en su familia, tales como la diabetes, las enfermedades al corazón o el cáncer y comparta esta información con su médico. No se olvide de actualizar esta información cada cierto tiempo.

Abuelo Paterno
Nombre: _____

Abuela Paterna
Nombre: _____

Abuelo Materno
Nombre: _____

Abuela Materna
Nombre: _____

Historia Médica Familiar

Padre
Nombre: _____

Madre
Nombre: _____

Hijo(a)
Nombre: _____

Hijo(a)
Nombre: _____

Hijo(a)
Nombre: _____

Hijo(a)
Nombre: _____

Hijo(a)
Nombre: _____

Hijo(a)
Nombre: _____

Indice

Indice

Indice

Indice

Información sobre Marcas Registradas

Sobre el Autor

Horst D. Weinberg, M.D., recibió su titula de Doctor en Medicina de la Facultad de Medicina, Universidad de Chicago. Es anfitrión de un programa semanal de TV en el Valle Central de California, donde le hacen preguntas en directo llamado "The Doctor is In".

Ha contribuído constantemente con sus articulos en las revistas *The American Journal of Diseases of Children*, *Contemporary Pediatrics* y en el *Western Journal of Medicine*.

Cuenta el Dr. Weinberg con reconocimientos como: Distinguished Achievement Award dado por la Sociedad Americana del Corazón y el Special Resident Teaching Award del Hospital de Niños del Valle Central de California.

El Dr. Weinberg ha sido pediatra por más de cuarenta años. Vive con su esposa Carol en Fresno, Caliornia. Tienen tres hijos ya mayores.

**Para ordenar copias adicionales
de éste libro, favor llamar al
1-800-497-4909
o escribir a
Quill Driver Books
8386 N. Madsen
Clovis, CA 93611 U.S. A.
Se acceptan tarjetas de crédito.**